为什么富人越来越富

〔美〕罗伯特·清崎　〔美〕汤姆·惠尔赖特　著

朱钦芦　译

四川人民出版社

readers-club

北京读书人文化艺术有限公司
www.readers.com.cn
出 品

题 词

谨以此书献给南非格雷厄姆斯敦圣·安德鲁斯学院、教区女子学校和罗德斯大学的全体师生。

2016年7月，我和汤姆·惠尔赖特（注册会计师，兼富爸爸公司税务顾问）来到南非，为这些优秀的年轻人、教师和企业家讲课，对我和汤姆来说，那是一场改变人生的经历。

这本书就是献给他们的——那些学生、教师，以及热心于非洲和世界教育事业的企业家们。

财富和收入的不平等是当今时代最大的道德问题。
——佛蒙特州参议员、2016 年民主党总统参选人伯尼·桑德斯

在富人和其他人之间不断加深的鸿沟是一场道德危机,一个社会定时炸弹。

伯尼·桑德斯认为,解决的办法是予穷人以鱼。

唐纳德·特朗普和我认为,解决的办法是予穷人以捕鱼之术。

尽管从政治上我们不赞成伯尼·桑德斯，但是我们实实在在地赞成他所提出的社会公平原则。

我们的分歧在于应该用什么方法来解决日益增长的社会不公平。

如果你也认为应该授人以鱼，那么这本书不适合你读。

如果你认为应该教人如何捕鱼，那你会发现这本书非常有趣。

致教育者和父母们

为什么你们不需要用钱让自己富裕起来

斯坦福大学赞成我的富爸爸而不是穷爸爸的理论

斯坦福大学教授蒂娜·齐莉格希望自己二十几岁就应该知道的事，我9岁的时候就知道了。

如果你是老师或者父母，请读一读这本书。这本书进一步阐释了富爸爸的教育方法，尤其适合那些怀揣企业家梦想的学生阅读。

真希望我二十几岁就知道的事[①]

蒂娜·齐莉格

[①]《真希望我二十几岁就知道的事》（What I Wish I Knew When I Was 20）是斯坦福大学教授蒂娜·齐莉格的畅销著作。该书讲述了作者17岁的儿子进入大学之际，她意识到自己没能教给儿子足够的知识和技巧融入社会，所以她回忆了自己二十多岁时想了解的事——那些可以避免弯路和失败的宝贵经验。——译者注

在开始阅读本书前，
请注意一个词：红利区！

在本书的前后，都设置了红利区。
它们是本书重要信息的补充和加强。

我们都听过关于"疯狂"的经典诠释："一遍又一遍地做同样的事，却希望收获不同的结果。"

这些红利区可以鼓励你阅读和掌握本书的内容，
并在行动上做出改变。
对，就从现在开始！

陈腐的告诫?

"好好上学,毕业后找个好工作,努力存钱,买一所房子,还清债务,在股票市场做长期投资。"

为什么说"好好上学"是陈腐的观念？
关于金钱学校教了你什么？

关于金钱你从学校学到了什么？

对大多数人而言，答案是："没学到什么。"如果说他们确实学到了点什么，那就是："好好上学，毕业后找个好工作，努力存钱，买一所房子，还清债务，在股票市场做长期投资。"这是工业时代的正确告诫，但是对信息时代来说，它就成了陈腐的唠叨。

全球化意味着蓝领们高薪职业的终结，因为这些工作机会都转移到了中国、印度、墨西哥……

而机器人的兴起，又会让白领们丢掉他们的高薪职业。

机器人的兴起

如今，就算工作岗位没有流向海外，人工智能也会逐渐取代工人们的位置。即使是受过高等教育的医生、律师和会计人员，也被虎视眈眈的机器人盯上了。阿迪达斯刚刚宣布，公司将把鞋子的生产从中国或越南转移到德国和美国本土。富士康——苹果的首要代工厂也宣称，他们已经订购了100万台机器人来替换300万名工人。

世界各地的毕业生们，许多正深陷于学费贷款的困境之中。这是最为沉重的借贷，因为他们找不到那个传说中的高薪职业，来让他们分期偿付债务。

机器人既不需要工资，也不需要晋升，还能比人更长时间地工作。它们用不着下班、休假，不需要医疗福利或者退休计划。

储蓄者是输家

一度——我说的是20世纪70年代，一个人如果在银行存入100万美元，他会得到15%的利率或者说每年15万美元的收益。他可以靠这笔年收益养活自己。而如今，存入同样额度的钱，却只能得到1.5%的利率或者说每年1.5万美元的收益。对一个百万富翁来说，1.5万美元的年收益根本不可能让他衣食无忧。所以说，如今储蓄者是最大的输家。

你的房子不是一笔资产

2008年房地产市场崩溃后，大约1000万房屋所有者终于明白了，他们的一手房屋不是一笔资产。因为他们出售自己的房屋时，其价值远远低于他们的买房贷款。

麦氏住宅[①]，曾经是"婴儿潮"一代的骄傲，如今已经成为"房地产狗窝"了。"婴儿潮"一代的儿子和孙子们，已经不能

---

① 大批量建造、缺乏特点的一种现代建筑。——译者注

够——也不愿意——持有他们的"最大资产"了。

随着房地产税的升高，麦氏住宅的价值将持续跌落。当小面积又实用的住宅进入房地产市场，大而让人不舒服的麦氏住宅注定会黯然失色。

房屋价格又关系着就业。机器人不需要住所，因为它们每天24小时都可以生活在生产线上。

生日快乐

《富爸爸穷爸爸》一书诞生于20年前的1997年4月8日，我50岁生日的那天。这本书是我们自行出版的，因为那些大出版公司的每个编辑就像我的穷爸爸一样，虽然受过很好的学术教育，却没什么投资理财的实际知识。

富爸爸理念扰乱了编辑们关于财商的学术信仰……我们都知道维护信仰是多么惬意的事，尽管这个信仰已经变成陈词滥调。

20年以后，富爸爸关于财商的教程显得更加现实可靠，比20年前更能引起人们的关注。因为当储蓄在多个国家变成零利率，机器人持续取代人们的工作岗位之时，只知道靠储蓄来理财的人成了最大的输家。然而，父母们却还在用自己的经验教育他们的孩子："好好上学，将来找个好工作，然后开始攒钱……"

经济学不是财商教育

一些人为了掩饰他们财商教育的缺乏,总爱辩称:"我在学校学过经济学。"或者说:"我孩子的学校开设了很棒的经济学课程。"一些在学术上拉大旗作虎皮的人会提到著名的经济学家,例如约翰·梅纳德·凯恩斯、米尔顿·弗里德曼、路德维希·冯·米塞斯,或者弗里德里希·哈耶克。这些经济学家的理论确立在50年前,但是如今,他们的理论大坝正在漏水,并且面临崩溃的局面。

好好学习,找一份好工作

当父母们劝导他们的孩子"好好学习,将来才能找到一份好工作"时,他们实际上是在要求他们的孩子准备做一个雇员——即出卖自己的劳动力挣得一份工资——因为一个雇员是不可能拥有企业的。

如果孩子们长大后找到了一份高薪工作,变得有钱了,成了中产阶级队伍中的一员,便乐颠颠地跌入物质幸福的坑里,拥有例如大学文凭、一套房子、一辆车子……舒服地享受生活,与邻居攀比,不甘落人之后。他们惬意地驾着车驶过贫民窟、租户区和小雇员们居住的住宅区,心里暗想自己的孩子将来绝不和住在这里的孩子同校上学。绝大多数中产阶级都有一份高薪职业,他们中还有一部分人是自己开业的专业人士,例如医生、律师,或是一家小企业的老板。但是他们并没有真正拥有属于自己的财产或企业。这些人的工作都是为了钱。

富人不为钱工作

在《富爸爸穷爸爸》这本书中，富爸爸的第一课是："富人不为钱工作"。当我提问"书中的第一课讲的是什么"时，大多数读者回想不起来。我相信这是因为他们的人生被规划成"好好读书，找份好工作"所致。他们没有被期望和训练成为一个企业家。换句话说，我们的教育制度训练学生成为小雇员和中产阶级，而绝不是拥有土地、企业和资金的资本家。

怪不得数以千百万的人就像我的穷爸爸那样——一个受过很高的教育，虔诚地相信他是在帮助别人的政府的一个小官僚——依靠政府提供给他们一份工作、一份薪水、一笔养老金而生活。为什么他们就不能依靠自己，帮助自己呢？

20世纪70年代，我父亲，一个非常好的好人，跑去竞选夏威夷州的副州长，得罪了他的老板，一个民主党人的州长。竞选失败后，这个州长向我爸爸发誓，州政府不再雇佣他。于是，一个学教育的博士，结果却在贫困和无业状态中死去……他是那么想工作，却找不到一份工作。他是一个受过很高教育的人，却没有任何自己的成果。他做过教师，教过数以千计的学生，却只会教他们按照自己的路子演绎人生。

怪不得全世界包括美国的街头总是上演阶级的对立和冲突。

怪不得参议员伯尼·桑德斯2016年在他参选美国总统的演

说中说道："当10%的顶级人口拥有90%的财富的时候，这个社会患病已经很重了。"

简而言之，我们的全球经济危机已经在学校里开始了。美国政府花了几十亿美元在教师的教育上面，然而富人和穷人之间的鸿沟却依然变得越来越宽。

为什么"稳定的工作"是一个陈腐的观念？

全球化夺走了蓝领的饭碗。
机器人将抢去白领的工作。

收入不平等的现象上升到了1929年以来最高的水平。事情变得很清楚了：20世纪50年代后期，生产力的提高同时让工人们的腰包鼓了起来；而现在，生产力提高的好处几乎都攥在企业老板和投资客手里了。

——马丁·福特《机器人应用的兴起》（*Rise of the Robots*）

为什么说"在股票市场进行长期投资"是陈腐观念？

最大的威胁是深深潜伏在股票交易市场系统中的攻击性病毒。

类似的攻击性病毒之一是被俄罗斯军事智能部门植入纳斯达克股票操作系统中的，2010年被发现。现在这个病毒已经没有威胁了。但没人知道还有多少未被发现的数字病毒正躺在某处等着我们。

病毒能把顾客的账户资料涂抹得干干净净，无迹可寻。更令人讨厌的是，这些病毒还能够制造出不受控制的情形，像洪水泛滥一样地下单，把你长期持有的股票，例如苹果或者亚马逊，卖得精光。

——詹姆斯·理查德《毁灭之路》(*The Road to Ruin*)

民主的死亡

民主总带有临时的性质。它不可能作为一个永久的政府形式而存在。民主体制会持续地存在下去,直到有一天,投票者发现他们应该为自己从公共财政中获得更慷慨的礼物而投票。

从那一刻起,大多数人总是把选票投给那些承诺从国库中为他们获取最大利益的竞选人。但是,这样做的后果是每一届民选政府会因为宽松的财政政策而最终垮台。而独裁政府又将随之而来。

世界上最伟大的文明从有历史开始算起,平均只存在200

年的时间。在这 200 年期间,这些民族总是循着下列的顺序循环着:

- 从精神被奴役状态走向有精神信念
- 从有精神信念到有巨大的勇气
- 从有勇气到获得自由
- 从获得自由到物质充裕
- 从物质充裕到自私自利
- 从自私自利到冷漠
- 从冷漠到依赖
- 从依赖再次退回到精神被奴役状态。

《能力的祭仪》(*The Cult of Competency*)(1943)
——亨宁·韦伯·普伦蒂斯,全国制造业者联合会主席

你的财商是你处理财务问题的能力

你的财商是用美元和你的财务问题的大小来衡量的。许多普通的美国人不能处理400美元差额的问题。

并非所有百万富翁都是平等的

没有几个人不想变成百万富翁。然而，并非所有百万富翁都是平等的，他们的财富也有多有少。

大西洋网络公司发表了一篇题为《严重的不平等排斥了美国梦》的文章，这篇由阿兰娜·塞缪尔斯撰写的研究报告量化了许多百万富翁的多年经历。

论文罗列了我们多年亲眼所见的第一手材料：美国梦——攀爬财富阶梯和取得优于其父辈的能力——随着每十年的过去而变得越来越不现实了。

出生于20世纪40年代的人在30岁时有92%的机会比他们的父辈挣得更多；与此相对照，出生在20世纪80年代的人只有50%的机会。

为什么30岁这个年龄段的人比他们的父辈的机会更少？根据作者的观点，有两个主要的原因。第一，从20世纪50年代以来，GDP的增速变缓了，而此前25年的增速经常是在5%以上。这就意味着，经济蛋糕的增长率低于它曾经的表现。所以，用于分配的部分自然减少了。第二，这样一个增长水平的分配变得更不平等，更多的利益向那些社会顶层倾斜。而那些社会底层却不能得到他们父辈过去所取得的那样大小的份额。他们的工资水平非但没有提高，反而停留在和他们的父辈一样甚至更低的水平上。

生活在底层的民众，其收入一半来自于工资，每年平均 1.6 万美元。而只占人口 1% 的顶层人士，其税前平均收入大约为 130 万美元。

换句话说，目前是这样一个贫富固化的社会，贫者恒贫，富者恒富，不会发生什么变化。美国梦已经破灭，尤其是如果你按照"好好读书，找个好工作"的教导规规矩矩做下来的话，更会有强烈的破灭感。而真正的财商教育将会为志存高远者提供一条不同的路径，去实现他们变成一个百万富翁的梦想——甚至是在当前的经济条件下。

不同类型的百万富翁

百万富翁有不同的类型，下面罗列几种：

1. 百万年薪的大学毕业生。

即使他有哈佛大学或者斯坦福大学的学历，这个情况也可以说绝无仅有。通常情况下，一个大学毕业生要在职业的梯子上爬很多年才有这个希望。百万美元年薪的收入扣掉税后可以净得大约 60 万美元。

2. 百万年薪的体育明星。

如果你是一个杰出的运动员，你有机会在若干年里达到年薪百万。但 65% 的各类职业运动员，退役后五年内都走向了破产。对于一个没有受过财商教育、没有专业团队来替他打理财务的明星运动员，百万美元的年薪可以获得大约 40 万美元的税后实际收入。

3.百万年薪的演员或摇滚歌星。

不平等又一次落到他们身上。他们的未来决定于他们的粉丝是否继续支持他们。在没有受过财商教育的情况下，100 万美元的年薪扣除税收后，到他们手上大概还剩 30—40 万美元。

4.百万年薪的企业家。

同样的不平等。当把所花费的所有时间和精力都算上，许多小企业主挣得少于他们的雇员。没有受过财商教育的情况下，一百万美元的年薪只会给他们剩下大约 30 万美元的净值。

财商教育

真正的财商教育使人生的竞赛场变得平坦。如果跑道凹凸不平，挣得百万美元并非易事。但是真正的财商教育提供给人们更大的控制力，来把握他们的财务未来。换句话说，真正的财商教育使你可以掌握你的财务未来。

我是这样一个人，没有机会像一个 CEO 一样挣得年薪百万，爬上公司的成功之梯，没有机会变成一个大牌的体育明星、一个星光耀眼的影视演员、一个听众宠爱的走红歌手，或者一个著名的企业家。然而，得益于我的富爸爸的财商教育，我现在能够掌控自己的财务命运了。

当我还是一个孩子时，我的富爸爸就鼓励我去追寻我的梦，变成一个百万富翁。他还给我解释了不同类型的百万富翁，以及成为百万富翁的不同途径。

1. 你想成为一个年薪百万的雇员吗？问题在于年薪百万的工资是要缴很高的税的，大约40%的收入被政府拿走了。

2. 你想成为一个净值百万的富翁吗？那意味着你的个人财产得值这么多——从你的房产、小车、储蓄以及养老金等这些财产中扣除你的债务以后还剩多少？大多数声称自己是百万富翁的人，其工资收入其实少于每年15万美元。

3. 你想成为一个靠资本利得的百万富翁吗？那意味着，你卖掉了你的资产，变现百万美元作为资本，然后获得资本回报。资本利得的最大问题是缴税。资本利得收入的税率大约是10%—20%。更大的问题是资本利得的方式降低了资产净值，因为部分资产被出售变成了资本。

4. 你想成为一个现金流的百万富翁吗？这类人把他们的百万现金资产投入现金流动中，却无需卖掉他们的固定资产。现金流百万富翁对税收和未来有最强的掌控。

5. 你想通过婚姻、财产继承或者赢得彩票成为一个幸运的百万富翁吗？对此我只能说"祝你好运"。以婚姻获取财产，代价可能是你的灵魂。而你的灵魂值多少钱？

美国梦已死

对大多数人来说，美国梦已经做不下去了。对那些相信"好好上学，找个好工作，挣钱储蓄，在股票市场进行长期投资"的人而言，情况尤其如此。

然而，变成一个百万富翁的梦还活着。那么，好，如果有人想投资于真正的财商教育，这本书就是最好的教材。

当我还是个孩童，和我的富爸爸一起玩《大富翁》游戏的时候，我就明白自己的梦想是成为一个现金流的百万富翁，知道通过四个绿色的房子后可以得到一个红色的饭店[①]，就会增加我的现金流和我的资产净值。成为现金流百万富翁允许我以举债的方式来筹措资金，合法地避税，且不用卖掉资产。

你想做什么呢？你想成为什么类型的百万富翁呢？

[①] 在《大富翁》游戏里，玩家会分得游戏金钱，凭运气（掷骰子）及交易策略买地、建楼以赚取租金。玩家在建成4间绿色的房子后可以选择建红色的旅馆（旅馆视作5间房子）。——译者注

目　录

- Ⅰ　罗伯特有话说　　为什么是汤姆·惠尔赖特？
- Ⅲ　前　言　　为什么经济萧条让罗伯特和金变得更富？
- 1　内容介绍

- 13　**第一部分　为什么富人越来越富？**
- 17　第一章　我该用我的钱做什么？
- 25　第二章　为什么说储蓄者是输家？
- 43　第三章　为什么说税法让富人合法地变得更富？
- 67　第四章　为什么错误让富人更富？
- 85　第五章　为什么经济危机让富人更富？
- 107　第六章　为什么债务让富人更富？

- 127　**第二部分　财商教育不是什么？**
- 131　第七章　财商教育不是什么？
- 147　第八章　你是个财商盲吗？

171　第三部分　什么是真正的财商教育？

- 177　第九章　为什么富人玩《大富翁》游戏？
- 191　第十章　幻象收入：富人们的收入
- 223　第十一章　I 象限：金钱的主人
- 245　第十二章　你有一个 B 计划吗？
- 263　第十三章　怎样结束贫穷：学生教学生

279　第四部分　无趣的经济学

- 283　第十四章　一辆保时捷是怎样让你致富的？

299　结束语

303　后　记

305　给百万富翁的话

307　红利区

309　研究生院　和富爸爸顾问肯·迈克尔罗伊做真正的无限回报交易

315　为了提高你的财商素养　聪明地选择你的教师

317　美国人想要的到底是什么？

罗伯特有话说

为什么是汤姆·惠尔赖特？

如果你是一个挣工资的雇员，你可能不需要一个注册会计师。一个雇员确实没有什么需要让会计师为他服务的，他又不操心税收。当然，会计师也分精明的和愚钝的，有胆识的和少勇气的。汤姆是精明的和有胆识的。如果你想致富，一定要有一个像汤姆这样的会计师。

汤姆从犹他州大学毕业，主修会计学，副科修了法语，并获得了学士学位。毕业后他同时为两家公司工作：为其中一家做财务簿记，为另一家做税务申报的准备工作。后来，汤姆到奥斯汀德克萨斯大学深造，攻读职业会计的税务专业课程，并取得了硕士学位。在德克萨斯大学学习期间，他还为当地一家会计师事务所工作。

从德克萨斯大学毕业后，汤姆进了恩斯特·惠尼会计师事务所，这是犹他州盐湖城的八大会计师事务所之一。两年后，他受邀进入了位于华盛顿特区的全国税务部门。他在那里工作了三年的时间，编写税务教材，并为全国数以千计的会计师事务所的会计们讲课，还为来自各行各业的客户处理了许多复杂的税务问题。

离开全国税务部门后，汤姆去了其设在凤凰城的办公室，负责房地产税务实践问题。两年后，他去了财富500强之一的顶峰西方资本公司做内部税务顾问。四年后，汤姆去了另一家国际会计师事务所普华永道，负责所在州的工作，并为凤凰城办公室提供当地税务服务。

在普华永道工作了不长时间，汤姆决定开设自己的会计师事务所。他和两个客户合作，在五年期间，把自己的公司做大成为凤凰城50家顶级的会计师事务所之一。那以后，汤姆的事务所ProVision发展成为亚利桑那州前20名的会计师公司，为全国50个州和世界六大洲30个国家的客户处理了大量复杂的税务业务。汤姆创造了新的税务战略，为该公司的客户省下了10%—40%或者更多的税金。汤姆是一个熟练的演讲者，为《税务顾问》《合伙人税务日记》和《今日税务》等媒体写了大量文章，还撰写了畅销书《免税的财富》(*Tax-Free Wealth*)。

前　言

为什么经济萧条让罗伯特和金变得更富？

　　我第一次见到罗伯特和金是在 2002 年 1 月。此前一月，我的合伙人安和我接收了一家会计师事务所，并包括它的客户，其中就有他俩。那个时候，我不是很了解他们。我的朋友乔治曾在 2001 年的 11 月初发给我一条消息，说他加入了富爸爸公司，并担任了公司的首席财务官。另一个朋友，也叫金，也是我们刚接手的会计师事务所的客户，对加入富爸爸公司给了我很多透彻的见解。

　　但是我没有立即加入他们，而是通过几年的观察，对他们有了充分的了解，懂得了他们的天才构想后才加入的。这不是一对普通的夫妇，他们撰写了一本经典畅销书；这不是一对寻常的夫妇，他们实践了所有他们所教给人们的道理。他们的教学内容不是从书本上来的，而是他们用生命熬出来的。他们真的洞悉了为什么富人能够更富，以及怎样加入富人的行列里来，却无需丢掉自己的习惯或者忘了自己是谁。

　　罗伯特和金的魅力不在于他们懂得别人也知道的东西，他们的魅力在于，他们真的是他们所教的道理的活例子。这本书里讲到的每一个知识都是从他们在实际生活中的做法得到的。我知道这些，是因为我担任他们的会计师长达 15 年，见证了他们赚钱，也目睹了他们的失败。但我从没见过他们做自己不相信的事，或者教人们做他们没有做过的事。

这份真实，这份坦诚，正是吸引我和其他很多人来到富爸爸公司的原因所在。我跟着他们走遍了全世界。我们一起去了欧洲、亚洲、非洲、澳洲和南美洲，穿越了美国和加拿大。我们到各地去讲课，去了爱沙尼亚、波兰、莫斯科、基辅、悉尼、墨尔本、约翰内斯堡、阿拉木图、比什凯克、赫尔辛基、伦敦、东京和上海。当他们在街头被拦着要求合影和签名时，我看到他们是那样和蔼地对待每一个人。我记得在基辅的管制边界，一个年轻人要求签名，但他收获的不仅是一个签名，而是和罗伯特一起的合影自拍。

这本书是罗伯特和金事业高潮的故事，真的是一个很少有人能与之匹敌的故事。让它产生这么大魔力的是这个故事本身的朴实无华。罗伯特讲述的是一些他和金勤勉实践的财商基本原则，而正是这些基本原则让他们走向了成功。这是一个低买高卖的故事，一个教育人们做好市场崩溃准备的故事，一个在巨大的反对声中坚持和献身于没人愿意讨论的真理的故事。

罗伯特和金的故事开始于他们在一起生活的第一天。罗伯特问金，她生命中最想要的东西是什么？那天，她被他如此深沉的问题问得无语了。然后，她的回答是深思熟虑的：她希望能拥有自己的公司。她不想做一个雇员。遗憾的是，她之前尝试过，却没有成功。她认为，自己能做一个很好的企业家，但不知道这个愿望怎么才能实现。

于是，在他们结婚一周年之际（或者是她的生日？），罗伯特给了她一个最不寻常的礼物。这个礼物既不是钻石戒指也不是项链，而是为她注册了一个会计学的培训课程！罗伯特相信，金要想取得成功，应该先学习会计学（我多么希望我的更多客户会把学习会计学作为礼物送给他们的所爱啊！）。

罗伯特和金继续着他们的财商学习之旅。罗伯特从他朋友的父亲那里学到了很多东西。他把这个朋友的父亲叫作"富爸爸"。他还从指导者巴克敏斯特·富勒那里学到了许多。然而，让他从中学到最多东西的是，在现实经验中的一次次失败。他的第一笔生意冲浪者钱包，成功得很快，失败得也很快。他的第二笔生意，为观看摇滚明星演出穿的T恤和棒球帽，取得了比第一次更大的成功，却导致了更大的失败。当他遇见金的时候，罗伯特亏空了80万美元。所以，金可不是看到他有钱才嫁他的哦。

经验告诉我，所有取得巨大成功的企业家，都曾经经历过巨大的失败。史蒂夫·乔布斯失败过，被他自己开创的公司炒掉了。而因为没有搞清楚情况就盲目行动，唐纳德·特朗普曾经欠债8亿美元。失败的经历给了这些企业家教训、经验和继续前行的力量。

对罗伯特和金来说，经验和教训是无价之宝。当20世纪后期发生经济萧条的时候，他们已经准备好了。他们学习了会计学和房地产知识，还学习了商业课程。所以，在储蓄和贷款在美国走向危机时，他们已经准备好了采取行动。

他们真的做了。他们用买小白菜的钱买下了肉食——房产。在几年之内，他们从房地产获得的收入远远超过了他们的付出。没有人会叫他们富豪，但是他们获得了真正的财务自由。他们每月有了1万美元的被动收入，而他们每月的花销不过3000美元。从此，他们决定教人们怎样像他们那样去做。

于是，在他们位于亚利桑那州比斯比的那所小房子里，夫妻俩开发了一款游戏，教人们学习他们所学过的金融知识。他们把这个游戏叫作《富爸爸现金流》。为了销售这个游戏，他们不得不创作一个小册子。而写小册子的任务落到了罗伯特肩上。当他写下他从富爸爸那里以及生活中获得的原理时，他发现自己根本无法把内容限制在区区8页纸上。所以，这个小册子最后变成了一本132页的书……他为它命名为《富爸爸穷爸爸》。

《富爸爸穷爸爸》发行之际，罗伯特和金遇上了第二次利用经济危机积累资本的机会。这本书发布于1997年。因为没有人看好，所以，罗伯特和金自己出版了这本书。当市场营销人员评论说这本书是促进家庭财富增长的好工具时，它大受欢迎。但是直到2000年4月奥普拉·温弗莉邀请罗伯特到她的节目里去做嘉宾后，它才真正地火了起来。

正好在网络公司纷纷倒闭之际上市，这个时间的选择真是太完美了。《富爸爸穷爸爸》在《纽约时报》畅销书榜的顶端待了超过6年的时间。罗伯特和金在美国乃至全世界的公众中引起了共鸣。正当成千上万的人损失了他们的终身积蓄之际，罗伯特和金在财商市场给了他们一个替代选择。这个替代选择包括掌控他们的生活、金钱和他们的未来。

罗伯特和金本可以坐在人生的游戏场外惬意地点数《富爸爸穷爸爸》的版税，然而他们不能这么做，这会违反他们的核心原则和促进全世界公众增强财商素养的使命。所以，他们写了更多的书，在更多的研讨班上讲课，接受了更多的采访……慷慨地把他们的所学所知分享给公众。

2002年，罗伯特撰写了《富爸爸财富大趋势》一书。在这本书中，他预言2016年左右会有一场大的经济危机，而在此之前，会有较小的危机发生。2005年，他在CNN的电视节目中预测房地产市场的危机即将来临。话音刚落，2008年和2009年，房地产和股票市场暴跌，情况正如罗伯特所预料的那样。

罗伯特本可以打电话给CNN："我告诉过你这个结果的……"但他没有这样做。他和金正忙于利用经济危机获取利益，这个方法正是他教给数百万公众的。趁着市场低迷，他们买了几百万美元的房地产产品。如今，他们拥有了上千处房产，包括公寓、饭店和高尔夫球场。这全是因为他们实践了他们所反复宣扬的观点。他们做好了准备迎接经济危机，迎接到来的机会。

这本书全是有关经济危机的——怎样做好准备迎接它的到来？怎样识别它的存在？怎样利用它造福自己？没有人想让市场倒闭，因为这会摧毁穷人和没受过教育的人的生活。但是也没有人能够阻止它的发生。虽然政府支撑着市场，但一旦经济危机到来，就像脱缰的野马一样不受控制，即便是总统也无能为力。

你对经济危机到来的反应（包括你的准备），将在很大程度上决定你未来多年的财务状况。所以你必须做出选择。你做好从这本书中接受财商教育的准备了吗？你做好当经济危机来临时采取有力行动的准备了吗？在经济危机的影响下，绝大多数人都无可避免地在破产的风潮下损失惨重，只有那些做好了准备的人才是安全的，一部分人甚至会借此赢利数百万。而这些人中有你吗？

汤姆·惠尔赖特
注册会计师，富爸爸公司顾问
ProVision 公众有限公司创建人

内容介绍

从前,所有人必须做的是:好好上学,毕业后找个好工作,然后努力工作,每月存钱,买所房子,清偿债务,在股票市场做长期投资……那以后,就过上了幸福美满的生活。

这个童话已经不存在了

之所以横在富人和穷人以及中产阶级间的那道鸿沟越来越宽,根本的原因就是这个童话。简言之,追随这个童话的人都被带到了富人和穷人间的那条沟里去了。至今还相信这个童话的人都深陷于财务困境之中。

20年以前

《富爸爸穷爸爸》这本书是在1997年由我们自己出版的。之所以如此,是因为我们接触过的出版商都认为我并不知道自己在说什么。因为,富爸爸课程中的绝大部分内容放在20年前都是讲不通的。20年前,我们写《富爸爸穷爸爸》是为了警告人们即将到来的、至今仍在影响着我们的经济危机。20年前,我因为说了"你的房子不是资产"和"储蓄的人是输家"这样的话而饱受责骂。但是时间证明了一切。

你可以回想起20年前的1997年,股票市场全线飘红,工作岗位俯拾即是。那时最畅销的书是1996年出版的《邻家的百万富翁》(The Millionaire Next Door)。这本书是以故事的风格告诉人们追随童话——"好好上学,毕业找个好工作,努力工作,每月存钱,买所房子,清偿债务,在股票市场做长期投资,从那以后过着幸福的生活。"简言之,在1996年,致富是件不难的事,几乎所有人的生活都在变富。

故事中,"邻家的百万富翁"受过大学教育,有一份好工作,驾驶着一辆毫不露富的小车,拥有一处不断升值的住房,现金投入了股票市场的养老金计划或者退休计划。生活是这么美好,一不小心就成了百万富翁,美国梦是如此真实而可靠。

警告

也就是在1996年,联邦储备银行主席阿兰·格林斯潘对"不合理性的繁荣"发出了警告,而人们依然疯狂着,沉醉着,相信变成百万富翁是唾手可得的事。

1997年,《富爸爸穷爸爸》出版发行了。这本书成了《邻家的百万富翁》的对立面。因为我的富爸爸根本不相信稳定的工作、攒钱、量入为出、开一辆经济型轿车、偿付债务和在股票市场做长期投资这个童话。

世界被改变了

随后,到了2000年,网络公司的泡沫破灭了。9·11事件震惊了全球。人们认识到一个事实:国际恐怖主义离我们的家门并不远!房地产市场在2007年破产了,全国最大的几家银行也在2008年倒闭。储蓄利率跌到了零以下,存钱的人变成了输家。油价大幅跳水,让以石油为基础的经济体遭受重创。对恐怖主义的战争逐步升级。因为希腊、意大利和西班牙经济的不景气,欧盟对危机的应对感到了吃力。可因为逢低吸入,富人们变得更富了,而劳工阶级和中产阶级变得更穷。至今,世界仍在这场历史上最严重的经济危机中晃荡、蹒跚。

20年以后

如今,许多"邻家的百万富翁"们失去了工作,他们的房产也抵押给了"邻家",并丧失了抵押品赎回权。

如今,年轻孩子仍在学校好好学习,但却是带着沉重的负担(压垮学生的债务)毕业,并通常找不到意想中的高薪工作。如今,美国学生的贷款债务达到1.2万亿美元,超过了美国人借记卡上的债务。

即使找到份工作后，许多年轻人仍将不可能购买住宅，因为他们挣不到足够多的钱来清偿他们读大学的贷款。许多人即使大学毕业后，仍不得不和父母住在一起。

不少大学毕业生即使找到份工作，也是学非所用或大材小用的岗位。年轻人从现实工作和企业经验中得到的教训是宝贵的、有意义的、富有挑战性的，但也是我们未来的另一枚定时炸弹。

储蓄者是输家

如今，储蓄者变成了输家。银行的储蓄利率处于历史的低点。日本、瑞典和欧元区都实行了消极的银行利率。

机器人的出现

让局面变得更糟的是机器人的出现。在其著作《机器人应用的兴起》中，马丁·福特解释了为什么说去上学、得到个稳定的工作的说法现在是虚幻的童话。让人郁闷的是，即使你是个医生，机器人也一样能替掉你……如今，没有明天。

世界最富有的国家正在追逐着发展机器人，研发高科技，来逐渐裁掉人类。不仅是麦当劳的雇员不久可能会被炒鱿鱼，未来即使是新闻记者、教师和非常专业的人士如律师、医生、会计这些人都可能丢掉饭碗。马丁·福特指的不是去了海外低工资水平国家的那些职业岗位，他指出的是人类会被机器人替换掉！他叙述说，现在美国可以和那些低薪国家在制造业上一决高下了，但不幸的是，美国人要与之竞争的不再是人类劳工了，而是机器人！这个信息是非常清晰的：大规模的失业浪潮已经开始了。

为什么是这本书？

这本书是作为《富爸爸穷爸爸》的"研究生版"而写的。它回答了什么是真正的财商教育和富人是怎样变得更富的。富人和穷人、中产阶级的区别在于教育，不过不是指普通的学校教育。

真正的财商教育必须包括一点金融历史。这次的经济危机并非孤立发生的，它酝酿了100多年，是从1913年美国联邦储备银行和财税体制建立开始的。这本书将简单回顾这次经济危机的历史。当你了解了导致这次危机的历史事件，你将懂得为什么坚持相信童话的"邻家的百万富翁"会深陷今天的财政困境中。"邻家的百万富翁"非常像我的穷爸爸。

多年来，没人关心我们的工厂转移到别的国家去这件事，没人关心一旦高薪工作离开这个国家会怎样，没人关心这个国家的城镇正在死去。多年来，那些金融、政治和学术精英们活得如鱼得水，却对这个国家半死不活的部分地区毫不理会。参议员伯尼·桑德斯注意到了，这让他在民主党初选中差点击败希拉里·克林顿。唐纳德·特朗普注意到了，这就是为什么如今他成了美利坚合众国总统。

谁会来拯救你？

我注意到有太多的人正坐等特朗普总统来拯救他们。尽管唐纳德·特朗普是一个伟大的人，但他不是超人。我怀疑他能拯救任何人，除非这些人先愿意拯救自己。

唐纳德·特朗普和我能走到一起著书，是因为我们都不相信"授人以鱼"，而伯尼·桑德斯和其他一些人相信。唐纳德·特朗普和我都相信"授人以渔"。我在20年前写的第一部作品《富爸爸穷爸爸》，就是教人们怎样"捕鱼"的。

警告一：现实教育

这本书，《为什么富人越来越富》是《富爸爸穷爸爸》的高级版——富爸爸的"研究生院"。如果你还没有读过《富爸爸穷爸爸》，我建议你先找来读读，然后再来读目前这本书。因为它是为富爸爸的"研究生"写的。他们已经熟悉了这本书中提到的原则和课程。在所有"富爸爸"系列的书籍中，我都尽自己所能让叙述变得简单明了。这本书是简单易读的，但是要像富人那样做却并非易事。

90/10金钱法则

90/10金钱法则是很著名的一个法则。这个法则讲的是10%的人挣了90%的钱。这本书和《富爸爸穷爸爸》都是有关90/10金钱法则的。

好消息是，经过真正的财商教育，每一个人都能够进入挣90%钱财的10%的队伍中。在这本书中，你将发现为什么不需要去一所声名显赫但收费高昂的大学接受教育，也能使自己变成10%中的一员。实际上，这个世界上许多最有钱的人，连大学都没有毕业：史蒂夫·乔布斯、马克·扎克伯格和沃特·迪斯尼就是这些人中的代表。

对你的挑战是你是否有决心做这件事：你有勇气和信心驱使自己去接受真正的财商教育吗？如果你中途退出，不愿努力学习，或者根本不愿意学习，那么这本书不适合你。

如果你是这样的人：认为生活应该轻松些，政府应该来关照你，那么这本书肯定不适合你。

要义就是，这本书是关于真正的财商教育的，而这个教育项目是学校里找不到的。

警告二：纳税

2012年的总统竞选中，巴拉克·奥巴马总统能够击败竞选对手米特·罗姆尼州长，有很多条原因。其中一条是纳税问题。巴拉克·奥巴马揭露说，他上缴了30%的税金，而罗姆尼2000

万美元的收入却只缴了不到14%的税金。

唐纳德·特朗普没有披露他的纳税申报情况,这让他的反对者发疯了。这是精明还是不光明正大,那要依你的纳税观点而论。

这本书的很多部分都是有关纳税的。如果你喜欢纳税,愿意缴纳更多的税金,这本书不适合你。如果你想学习米特·罗姆尼和唐纳德·特朗普,挣数百万却缴纳很少的税金,这本书适合你。

纳税是公平的

许多人认为纳税是不公平的,但不公平的其实是缺乏真正的财商教育,因此不能帮助人们更好地理解纳税问题。现实是:税法是针对每一个人的。任何人都可以缴纳更少的税金……如果他们接受过真正的财商教育,就能利用税法使自己的利益最大化。

因为纳税问题是如此敏感和有争议的主题,我请求了我的私人税务顾问汤姆·惠尔赖特作为助理,汤姆是我遇见过的最聪明、最阳光、最勤勉的会计师。富人之所以更富,是因为他们有像汤姆这样的顾问在帮助他们。

具有挑战性的是,只有像汤姆这样的顾问才能做如此之多的事。如果你想挣上一百万又少缴税甚至零缴税,你必须像富人一样行事。而对那些"邻家的百万富翁",汤姆可帮不上什么忙。

汤姆税课

税收法规酬谢那些受过财商教育的人

税收法规并非是想惩罚人们,而是为了酬谢那些按照政府意图行事的人。它通过财商教育和行为规范让人们懂得并做那些政府鼓励去做的事。这本书让你知道政府是怎样酬谢那些愿意跟随其政策的人的。想要在财商教育中对税金酬谢规定了解得更深,我邀请你读读我的富爸爸顾问系列书《免税的财富》或者访问 TaxFreeWealthAdvisor.com。

警告三:你们做不了这个

"你们在这里做不了这个。"汤姆·惠尔赖特和富爸爸的其他顾问经常到世界各地去教这本书里的课程。我们到的每一处地方,包括美国各地的城市,总有一些人举着他们的手说:"你们在这里做不了这个。"在大多数例子里,这些人就像"邻家的百万富翁"。他们通常是医生、律师、会计师或者财务顾问。

当你读这本书的时候,你可能也会说,"你不能在这里做这个。"大多数人说他们"不能"的原因,是他们缺乏真正的财商教育。

我们在别的国家讲课时,汤姆通常要邀请所在国家的会计师一同登台证实我们所讲"能"做的事,在这个国家也行得通。

即使这样，也难平复人们的争论："你们在这里做不了这个。"

其实，实际上是"他们不能"。没有这本书里阐述的真正的财商教育，就没有人能做富人们所做的事，即使他们是医生、工商管理硕士、律师，或者会计师。

下面这张图表说明了谁不能做我们所做的事。

那些说"你们在这里做不了这个"的人，大多数都在E象限，即雇员，以及S象限，即小企业老板，或者是专业技术人员，例如医生或者律师，或者是自己创业的人士，例如房地产代理、网络设计师和潮流美发师。

再次看着这个图表，你可能会对为什么某些人说"你们在这里做不了这个"有更好的理解。

B象限代表大企业主,拥有500人以上的雇员。

I象限代表职业投资者。

像"邻家的百万富翁"一样投资的人,多数是E象限和S象限的人(雇员和小企业主)。他们是零售的投资商人,投资于股票、债券、互惠基金和交易所交易基金。职业投资者是这样一群人,他们制造他们自己投资的东西,或者以批发价格投资于某些商品。那些说"你在这里做不了这个"的人属于E象限和S象限,投资于纸质资产。

加入90/10俱乐部

如果你愿意做可以导致你进入B和I象限的事情,你将加入90/10俱乐部,成为赚90%钱的10%的人。

如果你不愿意加入10%的行列里去,你可以加入那些尽管他们能做却总是说"你们在这里做不了这个"的人群中去。

那些人之所以这样说,其实只是因为比起动手做这样的事,把它推在一边,怀疑这样做的前景,总是要轻松多了。这本书适合富人,也适合穷人;适合受过很高教育的人,也适合只接受过一般教育的人。但是,它只适合愿意做的人。

罗伯特不是共和党人或民主党人。

他仅仅是一个独立投票人和一个主张财商教育的人。

富爸爸公司的使命是:改善人们的财务状况。

第一部分
为什么富人越来越富?

第一部分介绍
钱币的另一面

所有的钱币都有三面：左面、右面、脊面。

有智慧的人能在硬币的脊面上，看到钱币左右两面。

本书的第一部分聚焦于钱币的富人那一面上。

在第一部分，你会发现纳税是怎样让穷人和中产阶级变得更穷，而另一方面，同样的税法却让富人变得更富。

同样的情形发生在债务上。债务让穷人和中产阶级变得更穷，而债务却使富人变得更富。

当你学了这本书后，你将能更好地站在硬币的脊面上，领会其两面的情形，确定哪一面更适合你。

第一章
我该用我的钱做什么？

穷爸爸：
我对金钱不感兴趣。

富爸爸：
如果你对你的钱不感兴趣，那么别人会感兴趣。

我经常会被问到的一个问题是：

我有10万美元。我该用我的钱做什么呢？

我记不清在世界各国的城市里，有多少人问过我这个问题。每个人都在寻找那个神奇的药丸——最轻松的答案。尽管数额是不一样的，从1000美元到250万美元都有，但他们问我的问题是一样的：我该用我的钱做什么？

我的标准回答是这样的：

请不要向世界宣布你有多蠢。如果你不知道用你的钱做什么，千百万人会告诉你怎么做。多数情况下他们会这样告诉你："把你的钱给我吧！"

小视野

用你的钱做什么这样的问题属于小视野——最后一步的问题——你的最后一个财务困惑。

这本书是关于大视野的，试图向你展示财富全景，面对整个的财富困惑。那么你可以决定，哪一种方式的释疑解惑更适合你。

正如富爸爸所说：

通向财富天堂的门有许多扇。

中产阶级和穷人变得更穷

这个世界正在疯狂地开动着钞票印刷机，我们的钞票变成有毒的了。钞票的不稳定导致了世界经济的动荡。有毒的钞票印得越多，横在富人和穷人及中产阶级之间的鸿沟就越深。

富人变得更富的另一个原因就是穷人和中产阶级的小视野。他们被告知要努力工作，诚实纳税，积攒现金，买所房子，清偿债务，以及在股票市场做长线投资。

这些是小视野的行动步骤。这些步骤也是大多数父母、教师和财务专家告诉你要遵循的。

巴菲特语录

沃伦·巴菲特是世界上最富有的人之一,也是有争议的世界最精明的投资人之一。他这样描述财务顾问:

华尔街是一个如此奇怪的地方:坐着劳斯莱斯来的人在这里接受那些挤着地铁来的人的指导。

富爸爸以他的语言方式谈到了同一问题:"中产阶级在财务中挣扎的原因,是他们从推销员而不是富人那里接受指导。"

销售人员必须卖出东西才能养家糊口。他们需要钱。如果他们卖不出去东西,他们就找不到自己的晚餐。所以,为什么说这样告知世界的人特傻:"我有10万美元,但是我是个财商盲。请告诉我该怎样做。"

沃伦·巴菲特说:

如果你需要做几份保险,千万不要向保险推销员咨询。他们的回答永远会是:没错。

巴菲特明白这个道理,因为他拥有美国最大的汽车保险公司和政府雇员保险公司。他非常有钱,雇了许多销售人员为他卖保险。

问问大多数金融推销员他们接受过多少财商教育,诚实些的会回答:"不是太多。"

问问他们读过多少金融方面的书籍,回答可能是相同的:"没有多少。"

然后问问他们是否有钱,如果辞了工作还生活得下去吗?

人VS猴子

多年前,有这样一场比赛,对手是一只猴子和一个职业的股票经纪人。

猴子把飞镖扔向飞镖板,那上面的公司名字就是它的目标。

股票经纪人运用了他的教育、培训和智力的技能来分析公司的价值,然后再确定该挑哪只股票。

比赛的结果是猴子取胜。

高薪的输家

2015年3月12日,CNN金融频道发表了这样一篇文章,其中说道:

86%的大盘基金经理令人震惊地输给了他们的基准程序。

受过很高教育、拿着高薪的专家竟然没能赢过市场!CNN的这篇文章继续说:

不，这不是唯一的情况。在过去的 5 年里，接近 89% 的这些基金经理的运作成绩差于基准程序；82% 的在过去 10 年内差于基准程序。这是系统提供的记录。

换句话说，如果一只猴子从标准普尔的 500 只证券投资基金中简单地挑出目标，那它可以在 5 年里击败 90%、在 10 年里击败 80% 的专家。我们的课在这里讲的就是，如果一只猴子能够击败高薪专家，那么你也能。

标准普尔500

仅仅因为猴子击败了标准普尔 500，并不意味着该系统还在赚钱。猴子和这个系统都在亏钱，如你在下面的标准普尔图表的上升和下跌曲线中所见。

资料来源：FedPrimeRate.com，标准普尔500指数历史数据

所以，为什么要做长线投资？当市场破产时为什么还去扔钱？投资多样化也不能保证你不亏钱，标准普尔就是非常多样化的500只股票的组合。

沃伦·巴菲特

当破产潮在2000年到来的时候，甚至沃伦·巴菲特的公司伯克希尔·哈撒韦也没有比标准普尔500做得好多少。

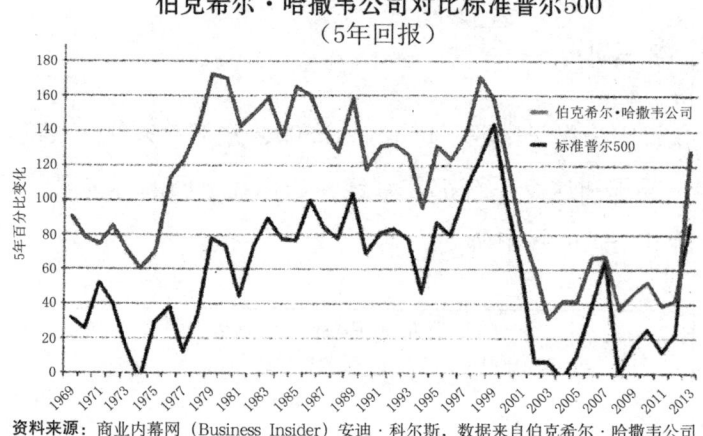

资料来源：商业内幕网（Business Insider）安迪·科尔斯，数据来自伯克希尔·哈撒韦公司和雅虎金融

我不知道当下一场经济危机来临时会发生些什么。

问：你是说沃伦·巴菲特没有赢得了标准普尔500？你是说他也损失了钱？
答：你只需要看图表就行了。

问：那么谁还会投资呀？
答：那些问"我该用钱做什么"的人。

问：那些亏了钱的人怎么样了？你不为他们感到难过吗？
答：绝对难过啊。你想想我搞教学、写书和开发财务游戏是为了什么？我也失败过，也亏过钱，所以我懂那会是怎样的感受。当看到那些人在财务困境中挣扎，我的心都碎了。

如果沃伦·巴菲特都会亏本，难道你不认为在将你的钱交给专家去打理之前，应该考虑先投资于你的财商教育？

毕竟，如果一只猴子都能打败专家，为什么你不能呢？

第二章
为什么说储蓄者是输家？

穷爸爸：

存钱是聪明的做法。

富爸爸：

储蓄者是输家。

1971年8月15日，是现今经济危机正式开始的日子。

1971年8月15日，是总统理查德·尼克松将美元和黄金标准脱钩的日子。

笨蛋！这次是金融！

1971年8月15日，是美国开始随意印刷钞票的日子。

1971年8月15日，是富人开始变得更富、穷人和中产阶级开始变得更穷的正式日子。

1971年8月15日，是储蓄者变成输家的日子。

警告

1997年4月8日,《富爸爸穷爸爸》正式发行了。这本书是自己出版的,因为我们联系的出版商都不看好它。他们这样评价它:"你都不知道你在说什么。"

出版商都不同意书中富爸爸的许多关于财商的课程,尤其是富爸爸的第一课:

富人不为钱工作。

富爸爸的第一课是富爸爸财商教育的基石。

富人不为钱工作有很多原因,其中一条是纳税。富爸爸经常说,"为钱而工作的人要缴最高比例的税金。"

基础的原因是1971年后,美元不再是原来意义上的钱,它变成了行政货币。

问:什么是行政货币?
答:行政货币就是失去了原有价值的钞票,不再受价值影响,只听命于政府法令。

问:什么是政府法令?
答:简而言之,就是政府颁布一道命令,说这张纸就是钞票,它就成了法定货币。

例如，人们必须以法定货币纳税，而不能用黄金或者一只老母鸡去纳税。

问：行政货币有什么错呢？
答：政府想要花的钱超过了他们征收的税金数目，于是，他们开动印刷机来清偿他们欠下的债务，让行政货币中包含的价值量越来越少。

问：所以，我必须更努力地工作……并且，生活的成本变得更高？
答：非常准确。

问：行政货币会变得一钱不值吗？
答：最后会变得一钱不值。因为政府官僚们不知道怎么挣钱。他们仅仅知道怎么花钱。

法国哲学家伏尔泰（1694—1778年）说过：

纸币最终会回归到其内在本质——零。

只要美元回归到和黄金挂钩，印刷钞票就很困难；一旦美元不再和黄金挂钩，印刷公司就业务繁忙，而储蓄者就成了输家。

钞票变得有毒

1971年后,美元变成有毒的了。在这一年里,美元变成了债务——一张借自美国纳税人的借据。只要纳税人不抱怨,印刷公司就开足马力印钞。印制毒钞就好比把一瓶白酒给干渴的水手喝。白酒让酒精依赖者感到快乐,钞票也有这个效果,尽管它是毒钞。

从1971年到2000年,29年里世界都在欢快地举行派对盛宴。不幸的是,派对结束了。

30年的派对盛宴

下面这张图表讲述了30年的派对盛宴故事。

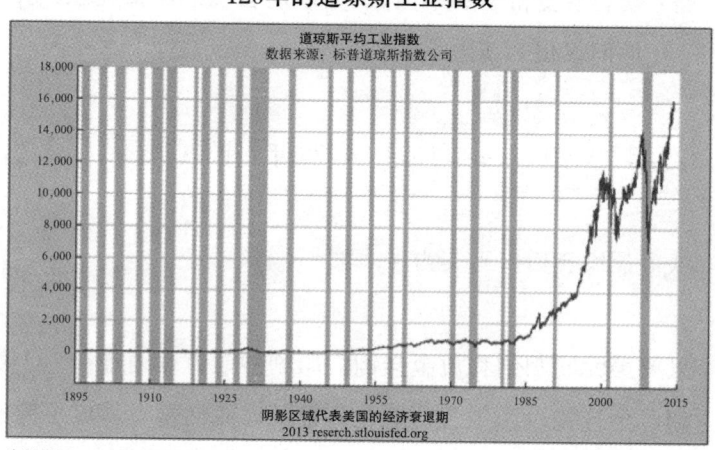

120年的道琼斯工业指数

资料来源:联邦储备银行经济数据

正如你从上面的图表中能看到的，2000年左右，即开始进入21世纪之际，"派对"掉头朝下。

3个巨头破产了

在21世纪头十年,这个世界由3个巨头引领着走向经济危机。

首先，是2000年的网络公司危机；然后，是2007年的房地产企业破产；紧随其后的是2008年的股票市场危机。

每一次当市场破产，印刷公司都开足了马力赶印更多的钞票，希望能拯救经济于水火中。

> 问：那么，1997年到2000年期间的繁荣是印钞机制造出来的?
> 答：是的。

> 问：就是说，现在"派对盛宴"已经曲终人散了？
> 答：是的。

> 问：政府还在印刷钞票吗？他们希望靠印刷钞票挽救经济?
> 答：是的。这就是我们说储蓄者是输家的原因。

如今,储蓄利率接近或者低于零。存钱的人又一次成为输家。具有讽刺性的是，如今银行有了太多的钱，而人们变得更穷了。货币制造着人们的贫穷。为钱而工作和攒钱的人真是有病了。

为什么储蓄者是输家？

1976年，人们可以通过储蓄成为富人。

例如：

1976年，储蓄利率为15%，如果储蓄额为100万美元，100万美元×15%=15万美元（每年）。靠利息收入，你就可以生活得非常惬意。

如今，事情变得很不一样了。

现在，利率跌到2%，同样额度的储蓄：100万美元×2%=2万美元（每年）。这说明货币贬值得有多厉害。

而2%的利率如今都是很高的了。

让我们看看利率和通货膨胀的关联性。如果通货膨胀率为5%，你的存款每年损失3%。通货膨胀的出现，正是政府持续印刷钞票的结果。

还要说明一下：在世界30%的国家中，储蓄利率已经低到了零以下。

问：银行会因为管理了我们的钱而收费吗？
答：那正是消极的利率所意味着的。

问：如果在银行储蓄，他们还要收储户的费用，那为什么还会有人去存钱？

答：不知道。我觉得不可理喻。

富人更富的一个原因是他们喜欢借债，懂得如何使用借债来致富。

低利率告诉我："快去借钱吧，钱现在正在打折。"

富爸爸的预言

2002年，《富爸爸的预言》出版了。富爸爸预计，世界历史上最大的经济危机会在2016年出现，前后误差不超过几年。

他还预计在2016年前后爆发的最大的经济危机之前，会有另外几场大的危机。

问：这几场危机是指2000年、2007年和2008年？

答：是的。

问：他是怎么做出这样精确的预测的呢？

答：有许多原因。最主要的原因，这不是政府第一次通过印刷钞票来清偿债务。

来自历史的教训

中国人是最早开始印刷钞票的。

第一次大范围地使用纸币是在中国宋朝期间。纸币的使用扩展到了印度、波斯和日本。但纸币的扩展只在短期内存在,因为当人们停止接受纸币后,贸易也就终止了。

问:为什么人们停止了接受最早的纸币?
答:因为当时的政府总是印刷太多的钞票。如今的政府也是这么干的。

罗马帝国的灭亡,部分原因是其向农民征税来支撑战争开销。当税收不能满足战争开销时,罗马皇帝就让其钱币贬值。这种让钱币贬值的方法就相当于印刷钞票。

问:贬值意味着什么?
答:这意味着他们把其他像镍和铜这样的基底金属掺和进了贵金属例如金和银中,达到使钱币贬值的目的。但不久,人们就不信任他们制造的钱币的价值了。

美国政府在1964年也干过与罗马帝国同样的事。所以这就是为什么我们的"银币"在边缘有点铜的感觉。

美国印刷钞票

乔治·华盛顿曾经印刷大陆币以支持革命战争。但是当大陆币变得一钱不值的时候,士兵们拒绝战斗。今天我们所说的一句流行语"连一元大陆币都不值",就是源于那时。

在南北战争期间,南方政府也大量印刷货币以抗击北方。后来不久,南方的货币也变得毫无价值可言。

问:那么,富爸爸是以这些历史为依据做出他的预言的?
答:是的。但是还有其他一些因素。真正的财商教育必须包括金融史。历史可以让你看到未来。

正如纽约洋基队伟大的尤吉·贝拉[①]曾经说过的:

似曾相识的东西又回来了。

如今,当世界各国的政府们随意开动印刷机时,我们的货币也就越来越多了。

问:为什么他们这么做?
答:挽救他们的经济免遭破产。

---

① 美国职业棒球联盟比赛中的著名球员。——译者注

再来看看道琼斯 120 年的图表。

120年的道琼斯工业指数

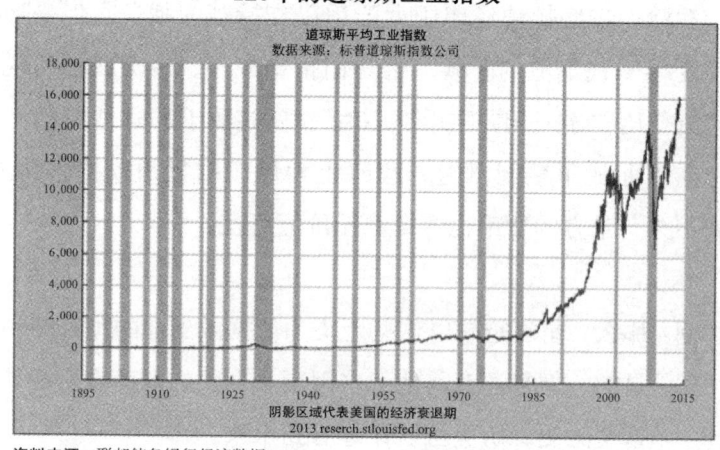

资料来源：联邦储备银行经济数据

你可以看到，从 1971 年后——那一年尼克松让美元和黄金标准脱钩——经济起飞了。

印刷出的钞票把美国和世界经济吹成了一个大泡泡。

到了 2000 年，这个泡泡开始泄气了。为了防止它破灭，政府印刷了更多的钞票。

泡沫终于在 2007 年破灭了，带来了房地产的垮塌。到了 2008 年，银行也随之塌了。而与此同时，印钞机却一刻也没有停止过转动。

问：如今，全球经济会崩溃吗？
答：2008 年后，美国联邦储备银行和美国财政部开始了世界历史上最大的印刷钞票行动，美其名曰：量化宽松。

这就是政府印刷钞票时，法币发生的情况。

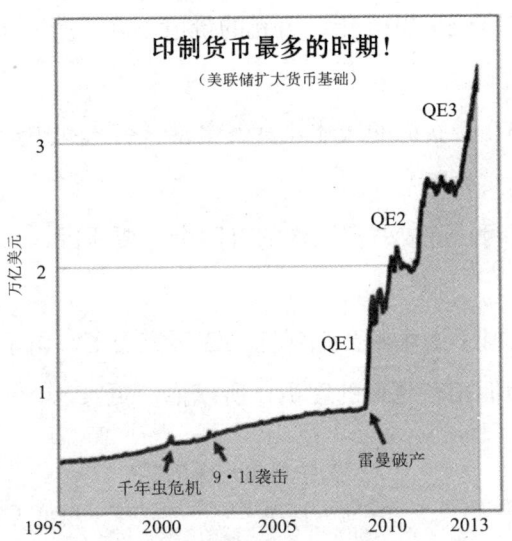

资料来源：市场观察（MarketWatch）

从1913年（联邦储备银行创立）到1971年（尼克松让美元和黄金标准脱钩），美元的实际价值下降了90%！

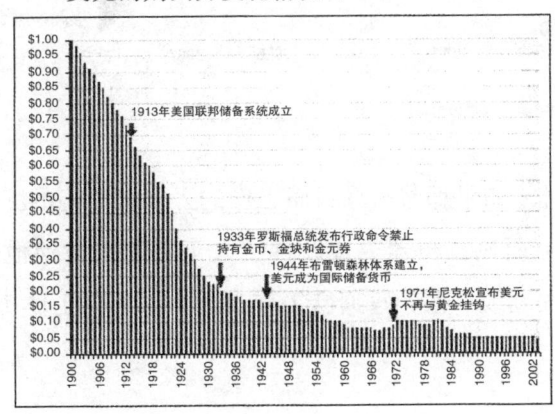

资料来源：金融意识（Financial Sense）

从 1971 年到 2016 年,美元的价值下降了另一个 90%!

问:那么,我们的钱才是富人更富、穷人和中产阶级更穷的真实原因?

答:是啊。造成贫富鸿沟的有四个主要原因:

1. 全球化:工作机会跑到低工资国家去了。由于富人拥有工厂,他们雇佣工薪更低的雇员,所以他们更富。

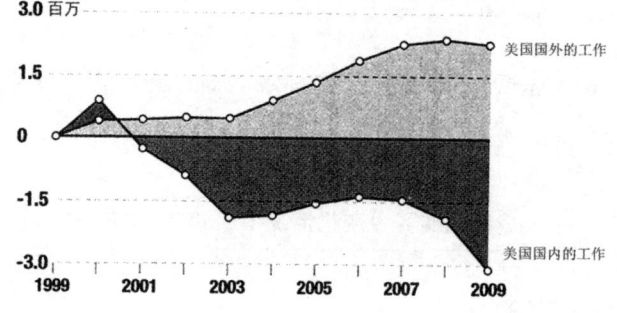

资料来源:《华尔街日报》

2. 技术:如果那些为挣钱而工作的人要求更高的工资,企业的工程师会研制出机器人或软件或人工智能来替换他们。机器人不需要福利或休假,每周会工作 7 天,每天会工作 24 小时。

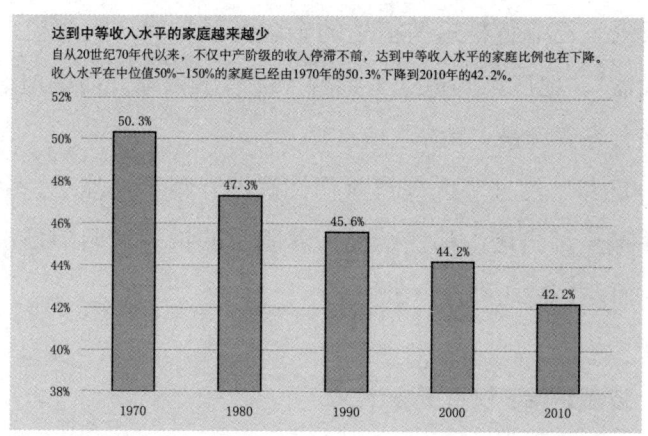

资料来源：阿兰·克鲁格[1]

3. 金融化：钞票印刷的科学。

下面是一些可能有用的释义：

金融化是这样一个过程：凭借着金融市场、金融机构和金融精英，得到更大的、超越经济政策和经济结果的影响力。

金融化是大家通常所知的财政工程。

最聪明的金融工程师正在造就弗兰肯斯坦[2]怪物——一种衍生出来的怪物。这些金融工程师创造出来的弗兰肯斯坦怪物之一就是"次贷"，卖给那些做不起"美国梦"的穷人的金融产品。这些金融师们再造了这些有毒的贷款，给了它所谓最好的利率，把它作为"资产"卖给全世界。

---

[1] 美国经济学家，曾在奥巴马当政时任白宫经济顾问委员会主席。——译者注
[2] 英国作家雪莱小说中的科学家。他创造了怪物，最终却为怪物所害。——译者注

沃伦·巴菲特把这些衍生的金融产品称为"大规模杀伤性金融武器"。他应该知道这些金融产品有多致命。而穆迪①曾赞美这些有毒资产是"精华"。

2007年,这些"大规模杀伤性武器"终于爆炸了。全球经济几乎被全部击垮。那些纳税人养肥了的银行家们不是该去领奖金,而是该被送到监狱去!

4. 盗贼统治: 权贵资本主义。

你可能还记得本书开头的这幅卡通画。

---

①美国一家调查商号信用的著名公司。——译者注

"盗贼统治"这个词有多层意思：

（1）一个政府或一个国家中，掌握权力的人巧取豪夺公共资源；其统治权落到了一个或一群盗贼手里。

（2）一个社会的领导人通过窃取大众，让他们自己变得既有权又有钱。

如今，"盗贼统治"现象变得非常猖獗，不仅是美国，全世界都有。腐败明目张胆地发生在政界、体育界、教育界、商界，甚至宗教界。如今，许多人都认为，华盛顿特区代表了"腐败特区"。

如果没有这种"盗贼统治"，金融化是不可能发生的。

5. 婴儿潮的结束：婴儿潮（1946—1964 年）造就了 1971—2000 年多方面的繁荣。不幸的是，婴儿潮诞生的一代不再是婴儿了，他们现在变成了"银发族"。他们消费的高峰已过。他们的麦氏大厦将打折出售。

有句话说，"人口决定命运。"富爸爸的许多预言都是基于婴儿潮的人口。这代人的挣钱和消费高峰已成往事。他们会活得更长，更显年轻，但对经济的贡献会小于拖累，对全球经济的负面影响会持续到 2050 年。美国有 7,500 万婴儿潮出生的人口。随后的一个婴儿潮是千禧年一代人（1981—1997 年）。到 2036 年，全美国将有 8,110 万这代人。

新旧世界

西方的世界已经老去，新世界是年轻的。新世界是正在形成的市场体，例如印度、越南、中东、南美、非洲和东欧。

新世界是千禧年一代的世界。他们出生在电脑和网络时代，对技术懂行。正如过去的婴儿潮一代曾经影响世界一样，千禧一代已经在开始影响世界。恐怖主义、大量移民、优步、爱彼迎①和互联网大战，构成了变化的开端。

增长的结束

如果你听那些理财专家的，他们永远都会对你说到"增长"。"增长"这个词让人们心跳加速，"增长"这个词让人们激动万分——"经济增长"……"我们的财富增长"。2008年的经济危机后，这些专家们又在谈"复苏"，这意味着他们在寻找新的"增长"说辞。

换个话题，凑近些看看下面这张道琼斯图表的2008年低点。

---

① 美国一家以互联网为平台的民宿预订公司。——译者注

120年的道琼斯工业指数

道琼斯平均工业指数
数据来源：标普道琼斯指数公司

阴影区域代表美国的经济衰退期
2013 reserch.stlouisfed.org

资料来源：联邦储备银行经济数据

2008年，储蓄者真的成了输家。就在那一年，联邦储备银行开始了世界历史上最大规模的印刷钞票行动，并且至今仍在进行。

沃伦·巴菲特警告储蓄者

2010年9月，沃伦·巴菲特这样对储蓄者说：

我想告诉你们一件事：你们可能做的最糟糕的投资是现金。每一个人都在谈论现金是王以及诸如此类的观点。但随着时间消逝，现金正在变得毫无价值。

我们的领导人还在希望更多的复苏、更多的增长。他们希望印更多的钞票来拯救经济。

财力强大的罗斯柴尔德银行王朝的洛德·罗斯柴尔德的话经常被引用：

> 这是世界货币历史上的最大试验。

罗斯柴尔德家族应该明白，因为是他们在18世纪60年代于德国建立了现代全球银行系统。

问：我们的政治家们能拯救我们吗？
答：不能。因为这不是政治问题。据说罗斯柴尔德银行的创建者梅耶·罗斯柴尔德（1744—1812年）说过这样一句话：

> 给我以全国的金融控制权，我才不管谁制定法律呢。

问：也就是说不管是民主党还是共和党控制华盛顿，实际是富人们控制世界？
答：正确。永远记住黄金法则：

> 有黄金的人制定规则。

富爸爸教育我，要按照富人的规则玩儿。如果你想学到更多的金融规则，接着读下去。

第三章
为什么说税法让富人合法地变得更富？

穷爸爸：

缴税就是爱国。

富爸爸：

不缴税是爱国。

2012年的总统选举中，奥巴马告诉全世界，他缴纳了30%的所得税。

他的对手，州长米特·罗姆尼宣布，他缴纳了13%的所得税。

纳税问题成了米特·罗姆尼败选棺材上的最后一颗钉子。公众愤怒了，骂他是坏蛋、骗子。他们把票投给了奥巴马，因为他们觉得自己和民主党这个候选人之间有条纽带，认为"奥巴马和我一样纳税"。

"ignorance"（无知）这个词并不意味着愚蠢。它的基础字是"ignore"（忽视）。忽视什么事情意味着某人主观上不想了解这些事情。

根据《梅里亚姆 - 韦伯斯特词典》，这两个词的释义是：

Ignorance：没有知识。

Ignore：拒绝关心某事某物某人。

我们绝大多数人都知道纳税是我们最大的花销，但是绝大多数人都选择了忽视纳税这个主题。他们选择了忽视，却又把怒火发在了像罗姆尼这样懂得怎样挣钱，怎样合法地少缴税的人身上。

没有受过财商教育，绝大多数人自然就忽视了税收政策。这些人把票投给某些政治家，因为他们承诺"对富人征税"。随后，他们很奇怪为什么自己缴的税仍然很高。问题不是纳税，而是消费。

财富和收入不平等的一个原因是纳税。简单地说，富人比穷人和中产阶级更懂得怎样挣钱和合法地缴纳较少的税。富人也并非总是精明，他们只是没有忽视纳税这件事。

税上之税

所得税外，还有许多其他税种，即所谓的税上税。据估计，人们所花的每一块钱，有80%直接或间接地被课以某些税收，然后这些钱回到了政府手里。

举例来说，如果你花一美元购买汽油，不仅你的一美元是已经纳税后的净值，这意味着你的钱已经被征过税了，而且你支付用于购买汽油钱中的大部分还要被课以其他方面的税收。石油公司只能从你购买石油的钱中收到很小一部分。然后，石油公司还要为从你那里收到的很少的那部分钱纳税。真是"鹭鸶腿上剔精肉"。

我相信很多人都同意，我们的政治领袖也显露出财商教育的缺乏。他们中的大多数都是像我的穷爸爸这样的雇员，只知道怎么花钱，但是对怎么挣钱却没有多少主意。对财商忽视的领袖们，您可是处于全球经济危机的中心啊！

一堂简单的历史课

1773年：波士顿茶党

这是一场对税收的反抗事件——导致了革命战争的爆发。在1773年，不缴税是爱国的。

经历了几场严重局势和战争局面如内战后，从1773年到1943年，美国成为了一个无税或低税国家。那时不纳税是爱国的。而美国也就此蓬勃兴旺起来了。

1943年：现行税收缴纳法案

二战的花销是巨大的。政府需要钱来打赢这场战争，于是通过了《现行税收缴纳法案》，并把它作为一个"临时的税收"。

这个法案的意义是，这是政府第一次被允许在薪金发放前征税，也就是把他们的手伸进了我们的口袋里！这也是富人们为什么不为钱而工作的一个原因。

1943年后，政府持续地从雇员们的薪金中征收越来越多的税。我记得20世纪60年代，当我第一次领到薪金时，搞不明白我的许多钱都上哪去了。

问题在于，1943年的临时法案不是临时的，它变成永久的了。政府现在拥有了一根合法的金钱吸管，从我们的钱包里源源不断地吸走我们的钱。

税收缩短战争

如果我们真的想要和平安宁，那就要用税收去支持战争花销。

1961年，在向全国的告别讲话中，艾森豪威尔总统（前驻欧洲盟军总司令）就力量不断增强的军工复合体[①]向全世界发出警告。

从那时起到现在，美国就一直处于战争状态。

问：为什么美国处于战争状态？
答：战争是有利可图的。战争创造了工作岗位，让许多人富
　　了起来。

[①] 美国国内由军事机构、部分国会议员和军工企业组成的庞大利益集团，靠战争和军备竞赛获取巨大利益。——译者注

最后的战争

艾森豪威尔是一个五星上将,亲身感受过战争的恐怖。他是最后一个依靠纳税人的钱打仗的美国总统。

问:用纳税人的钱去打仗的重要性是什么?
答:纳税人希望战争很快结束。艾森豪威尔知道纳税人不关心战争,但是却恨高税收。于是,税收在结束朝鲜战争的过程中扮演了重要角色。

问:如今我们是怎样为战争纳税的?
答:现在美国人为战争支付的是债务,而不是税收。未来的后代们将最终为今天的战争而纳税。

问:这就是为什么尼克松在1971年将美元与黄金标准脱钩的原因——因为美国在越南战争中花了太多的钱吗?
答:那仅仅是一个原因。军工复合体把钱花在了我们不可能赢的战争上。我知道。我上过战场。战争可能是愚蠢的,但它是有利可图的。

穷人和中产阶级把他们的儿女送上了战场,而富人却在致富。我担心我们现在卷入的反恐战争会是一场永远结束不了的战争。富人两面挣钱,而无辜的人们却在死去。

问：所以，纳税可以说既是爱国的，又是不爱国的。对吧？
答：对。这取决于你自己的观点和你的财商教育。

石油美元

1974年，尼克松总统和沙特王室签署了一项协议。这项协议是这样的：从此以后，世界上所有的石油交易都使用美元结算。美国的美元成了"石油美元"。

问：为什么这样做呢？
答：因为1971年时，尼克松违背他以前对全世界的承诺——让美元回归到与黄金挂钩，从而导致美国的霸权——美元的强势和影响力受到威胁。现在，通过强迫全世界用美元买卖石油，美国和美元在世界上的强势地位又重新得到确立。

记住，石油是世界经济的命根子。石油取代了黄金的货币地位。产油国家控制了世界。二战与石油有关：日本进攻美国，因为美国切断了日本的石油供应。越南战争也与石油相关：美国不愿意越南直接卖石油给中国。

1999年，欧元发行了，威胁到了美元的霸主地位。2000年，萨达姆·侯赛因宣布，伊拉克的石油卖给欧洲时，将以欧元而不是美元结算。于是，以回击9·11恐怖袭击的名义，美国攻打了伊拉克，尽管大多数袭击美国的恐怖分子后来被证实来自沙特阿拉伯。

同样的事情发生在利比亚国家领导人穆阿迈尔·卡扎菲身上。利比亚是非洲石油储存量最大的国家之一。2011年，卡扎菲建议非洲国家和穆斯林国家共同创立一种新货币第拉尔，重新和黄金挂钩。第拉尔将用于石油的交易中，以排除美元。如果他的计划实施，必将破坏美国在世界中央银行系统的权力。2011年，卡扎菲被打死了。

问：石油历史有什么重要性？
答：税收。我的一些最大的税收优惠来自于我投资的美国石油。

问：你的意思是你投资于石油公司例如雪佛龙和埃克森？
答：不。那些投资适合于消极的投资者。我是个积极的投资者。

问：那么，消极的投资者得不到职业投资者那样高的税收折扣？
答：正确。税务的规则是很不同的。往下你会发现更多这样的情况。作为一个职业投资人，我建议你找一个职业的税务顾问。

问：投资于石油以收获很大的税收优惠，会被认为是爱国者还是不爱国者？

答：我怎样想不要紧。关键是你是怎么想的呢？

汤姆税课

为了石油发展的税收优惠

每个国家都会确定什么是对自身经济最重要的东西。20世纪60年代，美国确定石油是对美国经济最重要的战略物资。为了鼓励对石油的钻探和开采，美国国会对那些投资于石油钻探和开采的人颁布了两项税收优惠：其一是百分之百地免除投资于新井所获利益的税收；免除其开采后的头一两年内大约80%的税收。这被称为无形的开采成本。其二是允许投资者只将其开采收入的85%申报进入纳税范围。这项优惠被称作百分比损耗。这两项税收优惠刺激了美国的纳税人投资于美国的石油和天然气开发工程，也让他们有效地成为了美国政府在钻探和开采行动中的合作伙伴。

会计师并非都一样

汤姆·惠尔赖特对这本书的贡献重要而有价值。他是我遇到过的最聪明的会计师和税收战略人士。

有些会计师真的不怎么聪明。多年前，当我正要着手我的事业时，我咨询一个受人尊敬的会计师："怎样才能少缴税？"

他的回答是:"少挣点儿。"

另一个我聘请的、来自于一个口碑很好的会计师事务所的会计师这样劝导我:"你拥有太多的房地产资产。我建议你卖掉你的房地产,把钱放到股市、债券和共同基金中去。"

他说这番话是在 2006 年。如果当时听从他的指导,我会在 2008 年彻底玩完。

韦伯斯特的释义

《梅里亚姆-韦伯斯特词典》这样解释"stupid"(愚蠢)这个词:

(1) 脑子慢。

(2) 做不明智的决定。

愚蠢的同义词包括:迟钝、愚钝和默不作声。

我知道我在某些方面也很愚蠢。我知道我做过愚蠢的决定——我们所有人都做过。当涉及税务方面,我就很愚蠢。所以我聘请了这些专家给我职业指导。

如果不是我的富爸爸和受益于目前我正在从事的财商教育,我可能会遵从那些会计师的愚蠢指导。

这是富人之所以更富的一个原因——他们比穷人和中产阶级多个聪明的顾问。

问:那么怎么分辨要请的顾问是聪明还是愚蠢呢?
答:首先你得聪明。如果你都不知道什么是聪明的什么是糟糕的意见，任何指导对你都一样。

平心而论，一个顾问例如会计师只有在我具有一定的受教育水准和经验后，才能给我以指导意见。举例来说，如果不会驾驶汽车，我就不需要听赛车课程，而是需要先学会驾驶。

更好的税务指导

汤姆·惠尔赖特担任我的个人顾问有很多年了。他指导着我穿过生活和商业的跑道，我和金在税金上省了几百万美元。他是富爸爸公司最好的教师之一。我说这些话的意思，是说在聘请汤姆前，我必须做好准备。如果我不先做好自己的角色，他不可能指导我。

我要求汤姆写了本自己的书，《免税的财富》。所以，你将知道你必须做什么，怎样做好准备进入富人的世界。

问：你是说，即使我受过大学教育，并有份好工作，汤姆也不会教我？
答：正确。实际上，如果你是个雇员，汤姆帮不了你什么。你所需要的是像布洛克税务公司[①]那样的税务筹划服务。

[①] 一家为美国、加拿大和澳大利亚市民提供税务筹划和银行服务的美国金融公司。——译者注

汤姆税课

很好的顾问接受过很好的财商教育

当我们接受了很好的财商教育,我们的风险变小了,成果变大了。对顾问来说也是这样。当你的税务顾问懂得很少,你遭受审计和缴纳高额税金的风险很高;当你的税务顾问对税法知晓得很多,你面临审计和高额税金的风险很低。

许多人问我是一个保守的还是很大胆的税务顾问。我相信自己是一个活在世上的最保守的税务顾问,因为我每天花了大把的时间研究税法。我喜欢把这个关系表示如下:

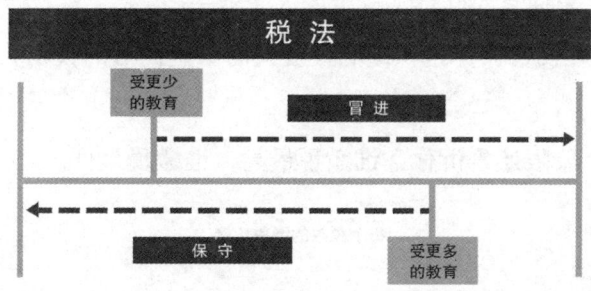

谁缴税最高?

下面这张图是现金流象限,它出现在"富爸爸"系列的第二本书中,书名叫作《富爸爸财务自由之路》。

E 代表雇员。

S 代表自由职业者、小企业主或专业人员例如医生、律师、房地产代理人，或者超级体育明星。

B 代表拥有 500 员工以上的大企业主。

I 代表投资人。是积极的投资人而不是消极的投资人。

这个象限还告诉你，谁缴税最高，谁缴税最低。

每个象限的缴税比例

问：所以，自从1943年的《现行税收缴纳法案》颁布后，但凡工作为了挣钱的人都缴纳了最高额度的税，是吗？
答：是的。这就是富爸爸的金钱规则1：富人不为钱工作。

问：那么，职业投资人纳税最低？
答：是的。

问：我是一个投资人，有一个退休计划。我通过我的公司投资我的养老计划。我的投资组合包括股票、债券、共同基金和交易所买卖基金。我还享受免税返还。我以前是个军人，享受军人退休金。我属于I象限吧？
答：不。你可能属于被动的投资者。和职业的投资人还是不同的。例如，历史上最伟大的高尔夫球手是泰格·伍兹。即使我在泰格·伍兹的高尔夫俱乐部打球，穿着泰格·伍兹的T恤和鞋，我仍然不会是泰格·伍兹那样的职业球手。

换句话说，职业投资不是关于投资，而是关于投资人的。财商教育的受众是想要生活在I象限里的。

问：你认为我能行吗？
答：这得靠你。只有你自己能回答这个问题。

汤姆税课

消费者和生产者

从消费和生产的角度来想想E、S、B和I象限。在E象限中的人生产他们能够生产的任何东西，消费和他们生产均等数量的东西；在S象限中的人生产得稍微多些（如果他们拥有一些雇员的话），消费的比他们生产的稍少些；然而在B和I象限中的人，生产的东西比他们消费的东西多多了。在B象限中的人，创造了成百上千的工作岗位；在I象限中的人生产能源、食物和住宅。但他们依然仅仅消费E和S象限中的人同样数量的东西。政府通过税收优惠鼓励和酬谢这些行为，因为生产者刺激了经济，生产出了公众幸福生活所需要的食物、燃料和住宅，生产出了生活。

B和I象限

在四个象限中都有富人。有许多高薪雇员，自由职业人群中的专家例如医生、律师、体育明星和艺术家也很富裕。在E和S象限中，既有穷人，也有富人。

世界上最有钱的人在I象限中。在这个象限中没有穷人。他们拥有的财富数量很不稳定，但没有人是贫穷的。

问：那么，既然他们最富有，为什么他们交最低额度的税收？
答：因为黄金法则："有黄金的人制定规则。"

问：所以你是在 I 象限制定的规则中玩儿？
答：我是。你也可以。规则对所有人一视同仁。

问：这个规则对 E 象限中的人是不一样的？
答：非常不一样。

问：你决定进入 I 象限用了多长时间？
答：没多少工夫。就一夜未眠。

1973 年，我从越南战场归来。我的穷爸爸建议我回到学校去攻读硕士课程，然后开始我在 E 象限中的生活。我的富爸爸建议我学习房地产投资课程，所以我才能在某一天生活在 I 象限中。

问：你是怎么做的？
答：我两样都做。白天，我飞到海上工作；晚上，我在一所夜校读 MBA（工商管理硕士课程）。我还参加了一个为期 3 天的房地产投资培训。

问：发生了些什么？
答：6 个月后，我退出了 MBA 课程的学习。

问：为什么？

答：有多层原因。其中一个原因是我的指导老师们。这个课程中的指导老师们没有实际的经验。他们仅仅是职业教师，教授这样一个课程。

然而，我的房地产培训课程的指导老师是真正的房地产投资人。他鼓舞我去学习。比较起来，MBA导师的课程太枯燥乏味了。房地产投资人教我有关I象限里的东西，而MBA导师教我有关E象限里的东西。所以6个月后我就走了——因为我明白了自己该到哪去。我想在某一天作为一个职业投资人生活在I象限内。

40多年前的3天房地产课程，收费385美元，在那个时候对我来说，是我作为海军陆战队飞行员半个月的收入。这个课程并没有告诉我什么答案，但是当学习结束的时候，它让我认识到我需要学些什么，需要做些什么。直到如今，我仍然像个学生一样，不断地在学习。

问：你的385美元的回报是什么？

答：数百万美元。最重要的是，我学到了使用债务和税务致富。

问：债务和税务让你变富？

答：是啊。是让大多数人变穷同样的债务和税务。借债和税金让那些受过财商教育的人变得更富。花385美元学来的知识是无价之宝。

问：我应该回到学校去吗？
答：你想去什么样的学校取决于你想让你的生活进入哪个象限中。我想让我的生活进入 I 象限中，这是世界上最有钱的人生活在其中的一个象限。当我完成了 3 天的房地产课程后，我继续坚持学习，在 I 象限中，我热爱学习。

问：你认为人们应该去读 MBA 课程吗？
答：绝对应该——尤其在当今。MBA 课程为进入各个象限的人们提供了扎实的基础。一旦你毕业后，你就可以决定你想进入哪个象限生活。记住，确定进入哪个象限并不是确定职业。例如，一个大夫可以作为雇员进入 E 象限，可以作为私人开业的医生进入 S 象限，可以去建设一所医院而进入 B 象限，可以成为一个职业投资人而进入 I 象限。

不同的是精神状态、技能和财商教育水平。如果你想要在 B 和 I 象限中生活，你必须懂得怎样使用借款和税金来让自己变得富有。

问：如此来说，3 天的房地产课程就是你进入 I 象限的入门？
答：不错。但这并不够。这 3 天的课程仅仅是个开端。我的指导老师鼓舞了我，让我去学了更多知识并坚持下去。我学习了股票交易、外汇买卖、期权交易、黄金和白银投资、财务策划、借贷、税务和怎样筹集资金，以及不同水准的房地产课程，如怎样购买小户型住宅积聚财产。我喜欢在I象限里的学习。

如果你看过一档电视节目《鲨鱼坦克》，你会看到I象限里的人们都在做些什么。他们寻找资金于某个企业或房地产项目的启动，或者是确定某项生产或某企业家是否值得投资。

问：那就是I象限里的人所做的？
答：是的。那是很棒的生活，很有挑战性的工作。

问：你们用了多久的时间得以进入I象限内？
答：当我们取得财务自由的时候，我47岁，金37岁。一路走来，我们也经历了许多打击。在一个短暂的时期内，我和金甚至无家可归。在奋斗过程中，收获的不仅是财富和自由，我们受到了教育，学到了知识和经验，变得更聪明智慧，结识了一批真正的朋友。

问：这个过程对于我来说该有多长？
答：这要依据你自己的情况。我认识一些很自然的就在I象限中的人，但我不是，所以我经历了一段时间才进入。

金也很热爱 I 象限中的生活。

税金是动机

我想总结一下要点：待在 E 和 S 现金流象限的人税赋比例最高；只有很少像汤姆这样的税务顾问可以帮到他们，但前提是他们愿意投资于财商教育。

我接触过许多很成功的会计师、律师和医生。他们这样告诉我和汤姆："你们在这做不了这个。"无论我们在这个世界的什么地方，都有一些专家举起他们的手说，"你们不能在这里这样做！这是违法的。"

问题在于是这些专家被他们所在的象限习惯所闭锁。他们需要接受财商教育，从左边，即 E 和 S 象限向 B 和 I 象限移动。

1994 年，在我和金决定以 I 象限为目标后，我们俩在 B 象限内创立了富爸爸公司。开设富爸爸公司的目的是向那些想从 E 和 S 象限转向 B 和 I 象限的人提供财商教育。你们都知道，没什么人能保证你能进入 B 和 I 象限。

我们的第一个产品是《富爸爸现金流》游戏，1996 年上市发行。紧接着是 1997 年出版的《富爸爸穷爸爸》，在《纽约时报》的畅销书榜单上达 6 年之久。该书发行后，我接到了奥普拉的电话，邀请我去她的节目做嘉宾。这个节目有一个小时整的时长。那一天，改变了我和富爸爸公司课程的命运。

我多次被称作"一夜成功"。从某种意义上说确实如此。仅仅是一个小时——同奥普拉和她数以百万计的粉丝对话，讲述我的两个爸爸的故事，一个富裕，一个贫穷；讲财商教育的重要性，一下子把我从默默无闻变得名扬天下。然而，我向你保证，远在奥普拉的电话前，我已经经历了太多艰苦的工作和刻苦的学习。

关于纳税问题的最后一句话

州长米特·罗姆尼纳税13%，巴拉克·奥巴马纳税30%，是因为罗姆尼是在B和I象限中运作，而奥巴马则是在E和S象限内待着。所以他们看到的世界是很不一样的。

这就是真正的财商教育的力量。

刺激

当我和汤姆一起在世界各地的讲坛上讲课时，他总要解释税率和税收优惠的动机。对不同的象限，刺激是不同的。

例如，在E和S象限内的人对更多钱、更多收入、高薪和奖金刺激反应强烈。在这两个象限内的人工作是为了钱。

在B和I象限内的人工作是为了税金刺激，挣钱是经由税率优惠间接地实现的。

例如，B象限里的人因为雇佣员工而得到税收优惠，因为政府需要为人们提供工作机会，形成一条稳定的税收美元溪流从雇员的薪金中流向政府的金库。所以，政府提供了低税收的刺激。

享受这些刺激优惠的企业家例如埃隆·马斯克[①]，从美国政府和不同的州里收到了数以十亿计的税收优惠。

在I象限里，因为投资于公寓大楼，我得到了税收优惠。如果我不是投资于住宅业，政府会收缴我好大一笔的税金呢。所以，政府宁可要求纳税人缴纳较高的税金，也要向我这样的企业家提供税收刺激。因为我变成政府的合作伙伴了。

如果公寓大楼不得不由政府来建设，那将是社会主义。如果由我来建，则是资本主义。从我个人来说，我喜欢成为B和I现金流象限里的资本家。

汤姆税课

政府的税金刺激政策

甚至E和S象限里的人也能享受到税金刺激政策。例如，在美国，那些购买住房的人可以在纳税申报单上削减利息税金。那些为养老而储蓄的人通过国家税务局、退休储蓄计划的投资，其税金可以削减。那些捐赠给慈善事业的资金可以减免税金。这些全是来自于政府的税金刺激政策。

B和I象限里的人从政府那里享受了更多的税金刺激政策。因为他们所从事的活动对于帮助政府改善经济，提供就业岗位，向市民和企业供应食物、能源和燃料起到了重要的作用。

[①] 美国著名的电动汽车特斯拉和太空探索技术公司的创立人兼CEO。——译者注

现在你可能明白了为什么汤姆·惠尔赖特是我的税务顾问和我写这本书的助手。他确信我做的是生意场上正确的事,确信我这本书里写的都是有根有据的。我可没有愿望去蹲监狱或者用胡说八道来误导你。

我请汤姆做我的私人顾问还因为每一笔投资和交易都是不同的。大多数生意不能做,我们拒绝了它们。但对待每一个生意的机会或财产的交易,我们以我们应有的勤奋去处理和对待。我们变成了精明的组合。

记住这点:那些说"你在这里做不了这个"的人,可能就是生活在 E 和 S 象限里的人。所以,确实地,他们在所在的象限里做不了。但是你能!如果你为进入 B 和 I 象限而投资财商教育的话。

汤姆税课

你在这里做不了这个

当我听到这样的话,我听出讲话的人是在说,我们在他面临的情况下做不到。他们是对的。为了做像罗伯特和我所做的事,你必须改变你面临的情况。例如,某人租了房子,不能减少他为房子的支出,而拥有自己房子的人却能做到。所以,为了减少住房的支出,前者必须改变他的局面,从租客变成房主。还有其他类似的减免、信用和税金优惠的情况。

为了获得税金优惠,必须把自己置于正确的局面中。如果肯这样做，有钱还是没钱都不打紧，他们将享受到税金优惠。有钱的人不过是比穷人和中产阶级更懂得这个道理——把自己置于正确的局面下。

在这本书的后面，我和汤姆将带领你透视我和金的真实交易案例——生活在 E 和 S 象限的人做不到的。

第四章
为什么错误让富人更富？

穷爸爸：

错误让你变得愚蠢。

富爸爸：

错误让你变得更聪明。

你观察过孩子学走路吗？他摇晃着站起来，然后迈开步子，没走两步就摔了，然后大哭。我们都知道下一步是什么：一会儿他从地板上再次站起来，摇晃着又走，再次跌倒，可能会再次大哭。他们会重复这个过程，直到某一天能够稳健地行走，然后学会跑，骑自行车，驾驶汽车，离家自立。

这就是上帝为我们设计的学习路径。人类在错误中学习成长。如果幼儿的每一次摔倒都要受惩罚的话，他的一生都将在爬行中度过，绝不可能离家自立。

在学校里，学生们通过听讲、阅读、研究，然后做测验来学习。

我们设想试卷是10道题，学生错了3题，老师会给他评70分，通过后进入下一阶段的学习。

这个学习体制抛弃了测试中最重要的部分：错误。学生们不是从错误中学到东西，而是因为犯错误而遭受惩罚。许多学生离开学校时觉得自己很笨（确实不聪明！），害怕犯错误，对他们的学习能力没有什么自信。

学习中的错误告诉了教师学生什么地方不懂，在很多情况下，还可能是教师什么地方没有讲清楚。对学生和教师来说，错误是让他们各自都变得更聪明的机会。

毕业一年后，大多数学生都忘记了70分的正确部分，但绝不可能忘记的是负面的信息："不要犯错误。犯错误的人都是愚蠢的。"

富爸爸对错误有一种极大的尊重。他经常说："错误是上帝跟你说话的方式。错误会对你说，'醒醒吧，集中注意力，这是你需要懂得的东西。'"

离开学校后，我和富爸爸的儿子一起在他的公司每周工作两天。下班后，他会坐下来听我们讲讲工作情况，并和我们一起讨论。他的目的是想知道我们学到了什么，有什么不懂的地方，犯了些什么错误。如果我们真的犯了什么错误，他就让我们把真实情况讲出来。他不想听到我们编造谎话掩盖错误。他认为不承认错误才是错误唯一的罪过。

汤姆税课

专家痛恨犯错

会计、律师、医生、网络专家和其他专业技术人员通常是待在E和S象限内。为了正确，他们工作得非常努力。对他们而言，犯错误和承认错误都是非常困难的事情。这也是为什么他们中很少有人进到B和I象限里。他们不懂得错误的益处和允许他人犯错误的正面效果，所以他们进步不大。

世界上最好的教师

富爸爸给我们布置的家庭作业是读有关企业家的书。每读完一本书，我们就在一起谈读后感，讨论我们从书中学到的东西。我们读了很多很棒的关于优秀企业家的书。富爸爸经常说："世界上最好的老师就是书籍。"

我们读过的书中，我最喜欢的是一本关于托马斯·爱迪生的书。爱迪生生于1847年，逝于1931年，是个发明家，并且是企业巨头通用电气的奠基人。

在学校里，爱迪生的教师说他"太笨，不是学习的料"，是个"糊涂虫"。他被迫离开了学校回到家里，由他母亲教他。在家里，他有了时间学习自己想学的东西。

他的一个发明就是现代实验室的原型。在他的实验室里，人们可以以一个团队做实验——他和他的团队取得了失败的自由，直到他们最后成功。

他的一些发明就是来自于自己的实验室，例如电报、留声机、电灯泡、碱性电池、电影摄像机。这些发明改变了世界。"不是学习的料"的笨学生看来也不错嘛！

我最喜欢的爱迪生语录是：

我没有失败过。我只是找到了一万种行不通的方法。

对那些打退堂鼓的人，他说了这样一句话：

许多人人生的失败，在于他们还没有意识到离成功已经多近时就放弃了。

你们中的许多人以前都听说过爱迪生的这两段话。然而我问问你们：你们的人生受限于害怕犯错误、害怕失败有多深？还有害怕被炒鱿鱼，害怕找不到工作，害怕你在别人眼中是个笨蛋？

邻家的百万富翁

在 1997 年到 2000 年期间，人们不需要改变什么，上升的全球经济把他们保护得好好的。

1996年,《邻家的百万富翁》出版发行了。这是本紧俏的书,折射了那段皆大欢喜的世界经历。

中产阶级非常喜爱这本书。它诠释了一个像中产阶级一样的百万富翁:大学毕业,有份好工作,在郊区有所住房。这样的百万富翁开着一辆比较低调的汽车例如沃尔沃或者丰田,按照理财师开的方子,"储蓄,还债,投资于长期的、按照多样化原则组合的股票、债券和共同基金。"

"邻家的百万富翁"之所以成功,是因为在历史上正确的时间、正确的地方做了正确的事。问题在于,这些"邻家的百万富翁"不需要财商教育就成了富翁。

世界改变了

如果我们返回到41页,再看一遍120年的道琼斯工业指数,我们会看到当1996年《邻家的百万富翁》这本书出版不久,情况就恶化了。到了2008年,许多"邻家的百万富翁"成了邻家丧失抵押品赎回权的人。

《富爸爸穷爸爸》这本书1997年出版后,发出了对立的信息。《富爸爸穷爸爸》是关于富人们所知道的而"邻家的百万富翁"不可行的道理的。

2008年,世界经济几乎不行了,政府开始印刷了数十亿美元的纸币,以救经济于水火。许多"邻家的百万富翁"这才免遭财务毁灭的结局。他们是纸上的百万富翁——"纸上净值的百万富翁"。他们是"房屋净值百万富翁""退休账户上的百万富翁"。问题在于,大多数人几乎没有受过财商教育。从各方面来说,同今天的情况完全一样。

如今,顾不上展望他们的退休养老计划,许多"邻家的百万富翁"变得忧心忡忡,担心失掉他们的一切。他们明白了经济上什么地方出了问题。许多人担心如果生存的年头多于预期,那时人活着但钱没了,怎么办?

如果我失败了会怎样?

这一章是关于错误的。绝大多数人在学校里学到的是害怕犯错误。他们的害怕变成了一堵墙,把他们所知道的和他们应该知道的分开来了。

在这本书的开头,我写道,有人问我,"我该用我的钱做什么?"如今,多数问我这个问题的人都陷入了财务麻烦。

问:为什么他们会陷入麻烦?
答:因为他们是这样的人:储蓄、买房、还债、投资于股票长期市场。

问:这些人会遭受灭顶之灾?
答:是的。

问：他们能做些什么？

答：他们拥有选项。与其把钱掏给那些理财专家，我建议他们去接受真正的财商教育。但是他们会问：

如果我失败了怎么办？

如果我犯下错误该怎么办？

如果我亏了钱怎么办？

那是不是太冒险了？

那会不会有太多的事要忙乎？

我不会太担心，因为我有社会保险。

问：所以，如果他们害怕失败，你教不了他们任何东西，对吧？或者，他们根本就不想学？

答：正确。"邻家的百万富翁"的时代已经过去了。消失了的是这样一个时代：当你掏光了你所有的钱给理财专家时，他就能制造出一个百万富翁。

另一个洛德·罗斯柴尔德的声明就像是一个可怕警告的到来："六个月的回顾检查，看见了中央银行持续的、确信是世界金融史上最大的试验。伴随着全球各国30%的政府实行的负回报储蓄，伴随着大规模的量化宽松，于是我们困在未知的水域，难以预报非计划中的超低利率的后果。"

问：这话意味着什么？

答：意味着世界有了很严重的麻烦。

在1971年到2000年期间，人们有很好的工作，有钱储蓄，那些消极的投资者在股市是最大的赢家。

在退休前，"邻家的百万富翁"们转而向债券投资，以获取退休后的稳定收入。1971年至2000年间，债券简直成了防弹衣——几乎既安全又保险。

"大规模杀伤武器"

在这本书的前面，我陈述了富人和其他人之间鸿沟加深的原因是金融化、多印出的有毒钞票和人造的资产，有时被叫作"衍生产品"，或者如沃伦·巴菲特所称的"大规模杀伤性金融武器"。

巴菲特应该懂得的。他的公司，穆迪信用评级机构把"大规模杀伤武器"赞美为"MBS"（抵押支持证券）。MBS由来自给穷人的次贷组成。然后，金融工程师们接管了，像玩魔术一样，把"次"变成了"好"。在穆迪赞美了这些"大规模杀伤武器"是"安全可靠的"后，它们被卖给世界其他的经济体。随后产生的爆炸震动了世界经济。

问：如果没有穆迪的肯定，这些衍生的金融产品是卖不出去的吧？

答：正确。巴菲特和他的朋友们挣了数十亿，与此同时，成千上万人的生活在这波爆炸中被重创了。巴菲特和他的朋友们带着纳税人数十亿的钱被他们在政府里的朋友开释了。这就是"盗贼统治"的最好时光。

问：那么，正是这些包装的金融衍生品，这些人造资产，导致了2007年房地产市场的破产和2008年银行业的危机？

答：不错。不过房地产市场并未破产——金融衍生品开始爆炸，世界经济几乎崩塌。

如果你想知道更多关于次贷危机以及它们的破坏力，有部电影，叫作《大空头》(*The Big Short*)，对此做了最好的诠释，能让你在享受娱乐的同时，更好地懂得什么是大规模杀伤性金融武器。

你可以参见我在2008年接受CNN采访时，同伍尔夫·布利策的一次谈话。我在谈话中警告了正在逼近的金融危机以及美国历史上最悠久的银行之一雷曼兄弟的破产。我是在这场危机到来前6个月做出这个预测的。你可以登录RichDad.com观看这个访谈。

但是等等……情况正在变得更糟

在 2007 年金融危机到来前,有 700 万亿美元的金融衍生品处于爆炸的危险中。如今,这个数字是 1.2 千万亿美元。

问:如果它们出了问题会怎样?
答:这次,"邻家的百万富翁"们可能全军覆灭。

问:他们现在是安全的吗?
答:不安全。2016 年 9 月 1 日,《华尔街日报》报道了德意志银行巨头们的麻烦。这家银行创建于 1870 年,在世界各地雇有上万名员工,曾经是世界上最牛的银行。现在银行巨头们正在售卖自己的部分企业以筹集资金。消极的利率就像银行商业模式上的癌症。《华尔街日报》解释说,这家银行的衍生产品投资组合已经开始过热,接近灾难,就像 2011 年的日本福岛核反应堆一样。

问:有没有更容易的方式来理解金融衍生产品?
答:这好比一个橙子,橙汁就是它的衍生品。而浓缩橙汁又是橙汁的衍生产品。

抵押贷款是住房的金融衍生品。
金融工程师们所做的,就是把千百万人的贷款变成浓缩贷款，然后把这些有毒的浓缩贷款卖给全世界。只要这些次贷的贷款人（有不少人没有职业）能按期偿付每月的贷款，世界就是安全和稳定的。

原子能战争

原子弹是化学元素铀的衍生品，以 U 来标志，原子数为 92。20 世纪 60 年代，学校里的孩子们都生活在对原子能战争的恐惧中。我们被告知我们的敌人要进攻我们。

作为对这种威胁的预防，我们在校园里还进行了可笑的防原子弹袭击的训练。老师一声令下，小孩子们立即钻到课桌下面，用手护着头。

如今，外国势力依然在炫耀他们的武力。原子弹和其他大规模杀伤性武器成为现实威胁。打击 ISIS 和全球恐怖威胁是十分必要的。可是，我们不能忽视当前世界各国的政府、跨国企业、中央银行和金融服务业中，由贪婪现象导致的金融危机，我们必须学会保护自己。可悲的是，如果说在我们的学校里开设了财商教育课的话，那也是非常有限的。

E象限中的囚徒

在许多情况下，学校教学生的是生存知识。既有基础的，也有精神状态的。

当家长对孩子说"到学校去好好读书，然后找个好工作"

时，这个孩子就是在被规划到 E 象限里去生活。

问题在于，对大多数人来说，E 象限是他们能想到的唯一象限。大多数人对 E 象限外面还有一个更大的世界完全没有想法。

我们都属于人类，但属于非常不同的人。在 E 象限中的人虽然来自世界各地，讲着不同的语言，但是所表达的意思却是一样的。他们都说："我想要一个安全的工作，一份稳定的收入，一个很好的福利和带薪休假。"不管他们讲的是英语、西班牙语、日语、德语还是斯瓦西里语①，表达的内容是一样的。

做人，还是做人类？

构成人类的有四个基本成分。它们是：

1. 智力
2. 身体
3. 情感
4. 心灵

我们现行的教育制度是设计来塑造学生的智力、身体、情感和心灵的，以最终把他们打造成一个雇员。

问：这就是为什么很难让一个雇员放弃工作的安全和收入的

---

① 非洲的一种主要语言。——译者注

稳定的原因吗？没有接受财商教育，雇员们总是害怕这么做，是吗？

答：绝对的。没有接受财商教育，一个人只能是一个"人类"。

问：这也是为什么我们的学校没有财商教育的原因吗？

答：基于我自己的研究结果，就是这样的。西方的教育制度是基于普鲁士的，而普鲁士的教育制度是着眼于打造工人、士兵的。人们被训练遵从命令，只做那些被要求做的事情。

我不是说遵从命令就是坏事。我也遵从命令，服从法律。在成为一个很好的领导者之前，一个人必须是一个很好的服从者。当人们不服从规则和法律时，这个社会就会出现动乱。

我关心的是，我们的教育制度在用"恐惧"进行教育。所以为什么人们不会思考？他们担心犯错误、失败和被别人看起来像傻子。没有很高的情商和智力，没有接受过财商教育，绝大多数人离开学校后变成了困在 E 象限里的囚徒。他们逃避不了这个命运。

刑讯室

从大学毕业后，许多 A 类学生选择了读研和到职业学院接受培训，成为 S 象限里的专家，例如医生、会计师和律师。

其他人中许多成为 S 象限中从事自由职业的人，例如房地产销售、按摩师、电脑程序员、网络设计师、演员、画家和音乐家。他们中一些人很能挣钱，但多数并非如此。

还有一些人变成了 S 象限内的小商铺老板。他们可能开个饭馆、时装店，或者是健身馆。

问：为什么你把 S 象限称为"刑讯室"？
答：因为这是最糟的象限。对于一个离开了 E 象限进入 S 象限的人来说，他面对的第一件事是花销上升，收入下降。政府的各项规定和制度堆在你面前，你却没法从中受益——没有医疗和牙科保险、退休金计划或者带薪休假。你的收入下降，因为你不再做你原来有稳定收入的工作。你的新工作是建设和运营一个企业，并同那些占你时间花你钱的人周旋。

问：这是不是 90% 的企业在第一个五年里都做不好的原因？
答：是的。

问：企业建起来后情况是不是就有转机了？
答：会有一点。但是对 S 象限里的企业家来说，受刑的感觉不会结束。

举例来说，那些在 S 象限里的企业家总是要缴纳很高的税金，在某些州达到 60% 甚至更高。在许多情况下，这就是他们的企业总也做不大的原因。额外的收入对冲不了挣更多钱的麻烦。

问：好消息是什么？
答：好消息是有更多教育人们成为企业家的计划。如今，许多学校开设了企业家教学班。

坏消息是，大多数教学计划都是仅仅培养人们成为 S 象限的企业家。

问：在 S 象限里取得成功的益处是什么？
答：S 象限里取得成功是最重要的事。

问：为什么？
答：因为如果你成功了，变成了一个真正的企业家，你将不会回到 E 象限了。

最好的消息

如果你成了 S 象限里的成功人士，变成了富人，你就获得了进入 B 和 I 象限的资格。这正是雷·克罗克所做的。他从麦克唐纳兄弟手里买下了麦当劳，把兄弟俩的企业从 S 象限带进了 B 和 I 象限……他挣了数十亿美元。

问：你也做了同样的事不是吗？

答：是的。虽然没有麦当劳规模那么大，但是我走的是同样的路子。不过我还没有达到数十亿美元的水平。

问：从 E 象限里的雇员，进入 S 象限，随后又进入 B 和 I 象限，这个过程中的困难一定不少吧？

答：对我来说，在这些象限之间转换的过程是极端困难的。

问：为什么？

答：因为每个象限里的角色教育是非常不同的，获得的教训也是完全不一样的。这些都构成了对我的极大挑战。当我从 E 象限转向 S 象限时，我的角色也不得不转变。我必须恶补自己不知道的东西。我没有稳定的工资，但是有需要我来发工资的员工。我必须买来桌椅和其他办公设备。我得从投资人那里筹措资金为我的尼龙 Velcro 钱包买存货。每一个我或我的员工犯下的错误，都让我付出了金钱的代价。

如同一个还不会走路总是摔倒的婴儿，我觉得每一天都不得不拯救自己。如果不是有富爸爸的教导在先，让我尊重从每一个错误中得到的教训，我可能早就放弃了，变成了爱迪生所说的"失败者"。再次重温他的语录吧：

许多人人生的失败，在于他们还没有意识到离成功已经多近时就放弃了。

一定要超越失败，才能取得成功。这就是我们转移象限、挑战象限的情况。

一旦在 S 象限内取得了成功，我就准备向 B 和 I 象限进军。每一个我所知道的成功企业家都经历了这样一个过程。

问：我什么时候学习有关 B 和 I 象限的东西合适？
答：这是这本书的其他部分会涉及的内容。

眼下，我希望你开始理解人类失败者和富人间的区别。

什么在起作用

转变象限需要四样东西：

1. **心灵智力**……你宁静的心智知道你的心中有一个伟大的人。他能够实现他的梦想。
2. **精神智力**……你可以学到任何你想要学的知识。
3. **情感智力**……从你的错误中学习的能力。在特定的情况下，情感智力有超过精神智力三倍的力量，特别是当你勃然大怒时。控制自己不责备他人，即使确实是他们的错误。责备他人，让人为你的低情感智力一声叹息。记住,一个硬币有三面:左面、右面和脊面。情感智力是站在钱币脊面并从两面学习的能力。

4. 身体智力……将你的所学转化成行动以及跌倒后重新站起来的能力。

如果你具备全部这四种智力,不管经济大势是好是坏,你都会赢。

如果你每天都能做到这样,不管发生了什么,你都将变成一个更强更棒的人,比今天的你更棒。

第五章
为什么经济危机让富人更富？

穷爸爸：
我希望经济不要破产。

富爸爸：
如果市场破产我不会在意。

如果沃尔玛有 50% 的打折，你不会跨进别的商场。如果华尔街有 50% 的打折，"邻家的百万富翁"反倒跑开躲起来了。

星球上的友善天才

1983 年，我读了本由巴克敏斯特·富勒博士所著的名为《巨头之现金抢劫》(*Grunch of Giants*) 的书。读完这本书后，我就能够看见正向我们走来、发生在今天的经济危机。

富勒博士经常被叫作"星球上的友善天才"。他以设计网格状球顶建筑而闻名。

1967年,我搭便车去加拿大蒙特利尔参观当年的博览会,这是一个世界级的博览会,主题是"人类与世界"。我尤其想看看富勒博士的大网格状球顶美国亭子。那个球形顶真是令人难以置信。

1981年,我有机会在位于加利福尼亚柯克伍德的滑雪胜地听富勒讲课一周。那一周,改变了我的人生方向。

我再次听他讲课是在1982年和1983年。他教我们怎样预测未来。最后一次讲课后几周,富勒博士去世了。

富勒因许多事情而著名。他是一个科学家,一个建筑师,一个数学家和一个未来学家。他的许多预言以令人可怕的精准成为现实。例如,他预言一项影响世界的新技术将在1990年前后到来。就像是安排在了日程表上似的,因特网的前身阿帕网1989年诞生了。而那时他已经去世六年了。

他的著作《巨头之现金抢劫》出版于1983年,在这本书里,他解释了极端主义者的富人是怎样搜刮世界,以及他们保有的未来世界是怎样的。富勒博士讲的事情和我的富爸爸多年前告诉我的事情完全是一样的。

谁是"GRUNCH"?

富勒是这样写"GRUNCH"的:

谁是 GRUNCH？没有人知道。它控制了整个世界的银行业，甚至包括默不作声的瑞士银行。它做它的律师告诉它做的事。它保持了技术合法性，并随时准备证明这点。它的法律事务所冠名 Machiavelli，Machiavelli，原子能和石油。一些人认为第二个 Mach 为黑手党的伪装。

我想说的最重要的一点是，我们都应该清醒地认识到这样一个现实，我们玩的金融游戏是被操控了的。这不公平。GRUNCH 玩的金融游戏是经由我们的货币制度，偷走我们的财富。

世界正在觉醒

摘录一段《经济学人》杂志发表在 2016 年 3 月 26 日的一段话：

美国素来是一片机会和乐观主义的土地。现在，机会是为精英集团储备的：2/3 的美国人相信，我们的经济被操纵了，以有利于特权阶层。乐观主义者转向了愤怒。
美国过去被视为自由企业的天堂。现在不是了。
游戏可能真的被操纵了。

问：我们能制止 GRUNCH 吗？
答：你可以试试看。但是比起在这上头下工夫，我决定学
　　习和弄懂 GRUNCH 玩的游戏。我决定不成为一个牺牲

者。所以，我在1983年开始窥视未来……并选择不玩GRUNCH想让我们玩的游戏。

问：你指的是什么呢？
答：这个游戏的开头是这样指示你的："到学校好好读书，努力工作，诚实纳税，清偿债务，积蓄钱财……"

要打败GRUNCH，我知道自己必须学习，以看清未来，以及为未来做好准备。

怎样看清未来？

看清未来的方法是研究过去。

让我们用同样的道琼斯120年的图表再作一番研究。

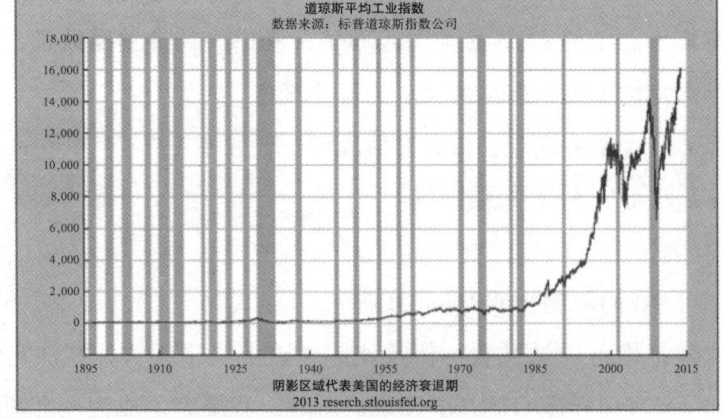

120年的道琼斯工业指数

资料来源：联邦储备银行经济数据

再一次看看过去 120 年道琼斯平均工业指数，你也能学到怎样看清未来。

1913年：

联邦储备银行创立。

同一年：

美国宪法第 16 条修正案通过，授权了政府通过税收取得收入。

问：联邦储备银行建立的同年，税收系统也建立了？
答：是的。联邦储备银行需要美元来生美元。

汤姆税课

税收美元生出新美元

联邦储备银行只能创造美元，因为这些美元的回笼是由美国的纳税人贡献的。没有税收制度，联邦储备银行不能回笼和创造新的美元。

问：为什么这个日子特别重要？

答：因为正是在1913年，现今的全球经济危机开始了。如果没有联邦储备银行、国家税务局和税收制度的创立，现今的金融危机不会发生。

许多财商专家都认同，如果没有联邦储备银行，就不会有数以几十亿美元的量化宽松政策，就不会有大量新钞票的印刷。没有联邦储备银行，就不会有2007年房地产市场的崩盘。

没有联邦储备银行，银行业巨头就不会在2008年倒闭；没有联邦储备银行，银行巨头们就不会被用纳税人的钱去拯救。

了解了今天的金融危机后面的历史，你就明白了为什么说1913年是一个重要的年份。

1929年：

巨大的股票市场破产。这次危机导致了大萧条。大萧条吓坏了美国人。他们的财务不安全导致了"伟大社会"[①]，成为我们至今享有的许多社会计划的源头，包括如今处于破产中的美国权利保障计划的无资金准备负债。

截至2017年，如果把资产负债表外的债务、破产者计划如社会安全和医疗保险也都算在内，美国全国债务据估计超过了220万亿美元。

[①] 1964年，美国总统约翰逊提出的施政目标。——译者注

1935年：

社会保险是富兰克林·罗斯福总统颁布的。如今，大众正在盘算着，希望在他们退休后，政府能够关心他们。

1943年：

《现行税收缴纳法案》通过了。国会授权政府开征所得税，从 E 象限内雇员的工资开征。

1944年：

布雷顿森林协议让世界使用美元标准。美国同意将美元与黄金挂钩。世界需要在国际贸易中采用美元结算。

美元取代了黄金的地位，世界各国的中央银行需要储备美元了。现在"美金就像黄金一样好"，成为"世界的储备货币"。这给了美国在世界经济中前所未有的巨大利益。美国——包括很多美国人——变得极其富有。

1971年：

美国总统理查德·尼克松违反了布雷顿森林协议，开始印刷钞票。如果尼克松遵守布雷顿森林协议的话，今天的经济危机不可能发生。

1972年：

尼克松总统对中国敞开了大门。工作的安全性失去了，许多工作流向了海外。

在三十年间，中国从一个贫穷落后的国家变成一个世界强国。

1974年：

尼克松总统与沙特阿拉伯签署了石油美元的协议。美元和石油挂上了钩。从那以后，所有国家购买石油必须支付美元……这让美元成为历史上最强势的货币。

石油美元允许联邦储备银行像个疯子一样印刷美元。好消息是美国经济繁荣了；坏消息是恐怖分子增加了。

数以千计的人死于恐怖分子之手，数以百万计的人逃离了家园，乐土变成了战场……战争的原因，很大部分要归于石油美元。

美国政府的地位，经常是一个国际警察，但这只是一个表象。美国作战是为了保护美元的霸权地位。

问：霸权意味着什么？
答：霸权是一个国家凌驾于其他国家之上的权威。同沙特阿拉伯和其他产油国的协议，给了美国更强的经济、难以置信的生活方式、更高的生活水准和一份凌驾于世界其他国家人民之上的不公平。

问：如果石油美元走向终结会发生什么？

答：好问题！但没有人真的知道。数万亿的石油美元可能回到国内，而各国的中央银行将会像扔垃圾一样放弃美元储备……而这样的情况会导致美国国内的大规模恶性通货膨胀。美国的霸权地位走向终结，而富人和穷人之间的鸿沟将变得更深更宽。

问：那么从1973年开始的中东危机，是因为美元变成了石油美元？你的意思是说数百万人移民欧洲，也是因为石油美元？

答：很有见解的问题。通过对过去的回顾，你现在学会怎么看清未来了。

1978年：

401（K）退休计划创立了。如今，80%的婴儿潮一代人都觉得到退休的时候自己会变成穷人。401（K）的设计不是为了让婴儿潮一代人享有财务安全，而是着眼于让华尔街的银行家们更富有。

1983年：

富勒博士的《巨头之现金抢劫》出版。

1987年：

股票市场崩盘。联邦储备银行主席阿兰·格林斯潘颁布了格林斯潘对策。它的正式名称是"金融市场总统工作班子"。内部人士称之为"防跳水团队"。

问："防跳水团队"都做什么？
答：每一次市场将要倒闭的时候，就有来自"神秘源头"的资金——许多人怀疑这是得到联邦储备银行资助的——冲出来力挺市场。

格林斯潘和联邦储备银行曾经防止了1987年的危机。富人们知道了联邦储备银行就站在他们身后，他们不会损失。

回顾一下1987年，你可以看到当格林斯潘发出信号——他将是他们的银行家后，市场就开始好转。如果市场倒闭的话，联邦储备银行就发布"货币回笼政策"来保护富人们——相当于一张安全网。所以富人们不会输。

1987—2000年：

道琼斯运行了一个抛物线轨迹。"邻家的百万富翁"变富了。

数百万被动投资的中产阶级变成了百万富翁，因为通货膨胀让他们的住宅，他们的退休计划基金，还有国家税务局、公司和政府的养老金计划增值。对一个美国人来说，在1997年到2000年间成为一个百万富翁非常容易。

1996年：

《邻家的百万富翁》出版。作者托马斯·斯坦利赞扬普通人通过买房子、省吃俭用和长期持股而变成百万富翁。

联邦储备银行主席阿兰·格林斯潘对"不合理性的繁荣"发出了预警。他的话是一个信号：派对盛宴快要结束了。他应该知道，因为派对盛宴是由他和联邦储备银行买单的。"不合理性的繁荣"是他的讲话方式，其潜台词是："孩子们，你们醉了。我要把大酒杯收走了。"

1997年：

《富爸爸穷爸爸》出版，警告人们：富人工作不是为了钱，储蓄的人会成输家，你的住房不是资产。

问：你写《富爸爸穷爸爸》就是为了发出警告吗？

答：是的。我就是要警告人们，"滑雪橇"的日子结束了。繁荣的泡泡快要破了。倒闭的抢劫正在开始。

问：你是说人口会从婴儿潮涌的一代进入生育低谷的一代？
答：没错。如今，就在我写这本书的2017年，中产阶级的数量已经萎缩了，而贫困的人口正在激增。

花点时间研究一下下面这个图表。它显示了历史——美国社会保障的偿付能力状况。你看到未来对婴儿潮一代以及他们的子一代和孙一代意味着什么？

社会保障的盈余和赤字

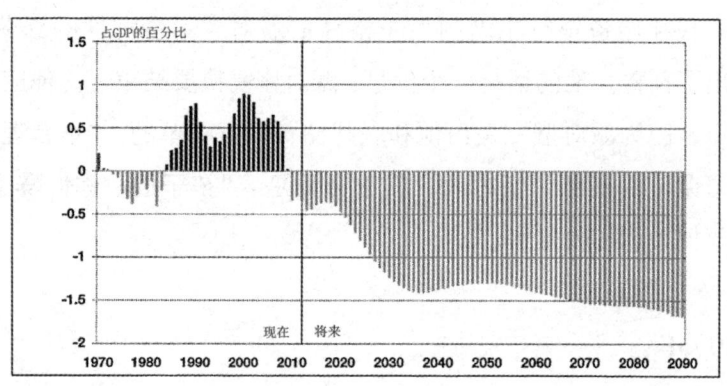

资料来源：彼得·彼得森基金会

现在你是预言者了。当你看到这个图表时，你会预言些什么？

1999年：

欧盟创建了欧元。

2000年：

萨达姆·侯赛因宣布，伊拉克石油将使用欧元交易。

2001年：

世界贸易中心遭受攻击。19个劫持者中，有14个来自沙特阿拉伯，没有一个是伊拉克人。

倒叙到1914年6月28日：

弗兰茨·裴迪南大公在萨拉热窝遇刺，第一次世界大战开始。同一天，英格兰在美索不达米亚（今天的伊拉克）签署了一个确立其石油权利的协议。摩苏尔在1914年是一个重要的城市，至今也还是。在我写这本书之际，伊拉克部队正在同ISIS作战，以重新夺回其控制着的摩苏尔。

在世界历史和世界经济史上，石油长期扮演着一个重要的角色。

1941年，珍珠港被攻击是因为美国切断了日本的石油供应线。越南战争也是因为石油，而与共产主义无关。因为美国不愿意中国从越南那里得到石油。

以我个人的观点，石油美元必须得到保护。因为如果石油贸易不再使用美元结算，美国经济就完了。

三次巨大的破产

21世纪头十年，即2000年至2010年期间，发生了三次巨大的破产：

2000年：网络公司破产；

2007年：次贷破产；

2008年：大银行破产。

这三次巨大的破产千倍于1929年的大萧条。

许多"邻家的百万富翁"在2000年至2010年期间被打回了原形。更多这样的情形将发生在正在来临的新危机中。

2002年：

《富爸爸财富大趋势》出版。

2002年，《富爸爸的预言》出版时，我预言最大的股票市场崩盘将发生在2016年或这前后。

在这本书中，我还预言了2016年之前，会有一些小的破产发生。那些破产真的在2007年和2008年到来了。

2008年：

第三次破产是银行业的破产。大约在6个月后，2008年9月15日，雷曼兄弟，一家有150年历史的银行，也是美国历史最悠久的银行，宣布破产。

2008年10月3日，本·伯南克①和财政部长汉克·保尔森（高盛公司的前CEO）制定了TARP，即不良资产救助计划。这个计划救助了一批最大的银行——包括高盛公司，保尔森的前东家。

纳税人将在几代人的时间里持续地为这个救助行动买单。

2009年：

穆阿迈尔·卡扎菲建议售卖利比亚石油时，以回归金本位的第拉尔结算。

2011年：

卡扎菲被击毙。

2015年：

以色列总理本杰明·内塔尼亚胡被巴拉克·奥巴马冷落。

---

① 美联储主席格林斯潘的后任。——译者注

以色列不赞成奥巴马为同伊朗关系正常化所做的努力。

问：你坚持认为你2016年左右会出现破产潮的预言吗？
答：是的。

2016年1月，道琼斯工业指数显示投资者平均亏损6.3%；纳斯达克的投资者平均亏损8%。只是在联邦储备银行和"防跳水团队"出手相救后，破产的现象才终止。

石油价格大幅跳水。银行利率在世界历史上从来没有这么低过。

2016年8月26日，据报道财大气粗的德意志银行深陷麻烦中。当你读这本书的时候，你将会有个清晰的印象：金融危机的情况有多普遍！

在2002年出版的《富爸爸财富大趋势》这本书中，我预言了恐怖势力将会扩大。击败美国的一个方法就是击败石油美元。如果石油贸易中不再使用美元，那美国经济的麻烦就大了。

2016年，恐怖势力集团例如ISIS的力量增长了。

2016年，一个电视新闻杂志《60秒》做了一期节目是关于起诉沙特阿拉伯的，因为他们的人在9·11那天袭击美国。

2016年，奥巴马总统飞往沙特阿拉伯。他亲吻了国王的戒指。

沙特阿拉伯和伊朗是不共戴天的死敌。在追加制裁伊朗问题上，沙特阿拉伯人对奥巴马不大满意。

因为低油价和伊朗卖石油给欧洲国家，沙特阿拉伯的经济和社会福利计划有麻烦。它威胁要在公共市场上卖掉阿美石油公司，它自己的公司。沙特现在想要它的钱了。他们知道游戏已经结束了。

中国和俄罗斯正在修建石油管道，并且将用各自的货币进行交易。1974年创造的石油美元正在走向分崩离析。

破产

事实会讲故事。2016年，数百万美国人的工资没有涨，买不起房子，存不了什么钱来养老。他们的孩子深陷学费债务。与此同时，美国政府在越来越深的债务泥坑里挣扎。对成千上万的人来说，他们的"巨人破产"已经开始了……

从2007年和2008年以来，情况没有什么好转。问题变得更大。这可是真正的难题。

问：你不为那些失去住房的人感到遗憾吗？
答：当然会呀。我痛恨看到人们失去了他们的工作、他们的住房、他们的退休养命钱，以及他们的未来。这就是我在1997年写《富爸爸穷爸爸》、2002年写《富爸爸财富大趋势》的原因。我竭尽全力警告人们并希望通过财商教育来帮助人们做好准备。也许你听到这个会感到好受些：我们没买过丧失抵押品赎回权的住宅。

问：你是说银行造成了那些破产拍卖，让那些人无家可归？
答：在许多案例中，这是真实发生的、千真万确的一幕。

另一个倒叙……

2013年1月份，购买私人住宅最多的是避险基金和私人股东权益基金，这是两个得到华尔街银行资助的组织。当房价跳升到超出预期时，黑石集团——美国最大的房地产拥有者，加速了购买独栋住房的行动。

根据布隆伯格公司的消息，黑石集团从其130.3亿基金中配置资金，花费了超过25亿美元，购买了1.6万套住房，并把它们管理出租。这家公司正在寻求从小投资者占主导地位的市场转移到新机构资产阶层。摩根大通估计这个阶层的价值有1.5万亿美元之巨。

2015年晚些时候，当房价再次上涨之时，黑石集团宣布停止购买私人住宅。历史上最大的房地产买卖结束了。

这就是为什么破产让富人更富的原因。

问：你是说市场被操纵了？
答：我给你讲个沃伦·巴菲特讲的故事。他说："如果你坐在牌桌前不知道谁是容易受骗的人，那你就是。"

现在，你懂得了富勒博士为什么写《巨头之现金抢劫》了吧？现在，你懂得了如果没有1913年联邦储备银行和国家税务局的设立，这场危机就不可能发生的道理了吧？

现在，你懂得了为什么我们的学校里没有财商教育的道理了吧？

既然你已经知道了预测未来的观念，下一步你该做什么？

什么时候购物？

人人都爱砍价。人人都知道最好的购物时机是当你心仪的物品正在打折的时候。

不幸的是，大多数人去购买的物品让他们自己更贫穷，例如闪闪发光的新车、式样时髦的新衣服和熠熠生辉的珠宝。

富人的购物砍价让他们变得更富。他们等着股票市场崩盘，然后以最好的价格收购；他们等着房地产市场破产，然后以低价格买下。他们以低价买金买银，收购企业……

富人才不投资于长期或者多样化股票，他们不会每种买一点，或者买某某人告诉他们要买的股票。

看看巴菲特是怎样评价股票多样化的：

股票配置的多样化是在保护无知。如果你知道自己在做什么，就该明白那样做毫无意义。

共同基金的问题是它总是多样化配置的，如同ETF（交易型开放式指数基金）和 REIT（不动产信托投资公司）。同样的是真正的基金中的基金。

问：什么是基金中的基金？

答：基金中的基金，是指一种基金和其他基金组合形成一种新的基金，例如共同基金、ETF 和 REIT。这是多样化基金的极端化情况。

所有的这些多样化产品都是为"邻家的百万富翁"而创立的。不幸的是，多样化产品在悲惨的崩盘声中保护不了你，就像 21 世纪头三场危机中一样。为了变成 I 象限中的真正投资人，你必须学会做出最佳选择。你必须学会看清楚财商盲所看不见的东西。

为危机做好准备

真正的财商教育让你做好准备应对危机——在危机击倒你之前。

问：怎么知道经济危机的到来？

答：有多种方法……包括学习历史、图表和听智慧人士的声音。

根据我的经验，知道经济危机快要来临的方法是当你看到一个傻瓜都成了一个"投资者"时。

多年前，我就知道房地产破产的时候正在到来。兴高采烈的气氛在增长，没有收入、没有工作的人却买了住房。我的公寓房出租率下降。付不起租金的房客却突然买了套豪宅。一个杂货店的收银员递给我一张她的名片并对我说："打电话给我。我有一些房产，也许你愿意投资。"为了搞定我，她还加上一句："房价正在上涨，所以要行动就要快！"

那一年是 2007 年。我谢谢了她，收下了她新印出来的名片。我知道破产的日子正在到来，不久就是到市场去砍价的好时机。

买的时机

这时就是我和金以及我们的富爸爸公司顾问肯·迈克尔罗伊一起去买房地产的时机。

第六章
为什么债务让富人更富？

穷爸爸：

债务让我变穷。

富爸爸：

债务让我变富。

借款是钱。

富人变得更富的一个原因是他们使用债务致富。

不幸的是，由于没有接受过财商教育，债务让穷人和中产阶级变得更穷。

唐纳德·特朗普总结这事时说："你知道，我是债务之王。我爱债务。但是债务是狡猾的。它非常危险。"

当放贷的银行家开始把钱借给次贷的借款人，而这些人中很多人没有工作，却被鼓励购买他们根本支付不起的住房时，住房市场就破产了。

当成千上万原本有房的中产阶级开始把他们的房产当成ATM机时，他们的房产也就失掉了。如今，学生们的贷款已经超过了1.2万亿美元——超过了信用卡上的债务。

这对美国政府来说，却是最大的收入来源。

尽管学生贷款让那些没法完成学业的学生更加穷困，但它让美国政府更加富裕。

似曾相识的感觉
《华尔街日报》2016年5月21日

当闯劲十足的银行推出它的塑料卡，当消费者更舒服地负债消费的时候，美国的信用卡余额将在今年达到1万亿美元。

按照设定，这个金额将在2008年7月达到前所未有的高峰1.02万亿美元，这个日子正好赶在金融危机前面。

此外，银行贷给了数百万人次级贷款，而这些人根本不具备信用贷款的条件。

信用卡是一种少有的、现在专为银行工作的业务线。

美元变成了债务

1971年，当美国总统尼克松让美元与黄金脱钩后，美元变成了债务。这是世界历史上最大的经济变化。

从1971年开始，储蓄者成了输家——借债者成了赢家。

债务是怎样让富人更富的？

在世界各地讲课的时候，我经常被问到这样的问题：债务怎么能让富人更富呢？

我会以信用卡为例来解释这个问题。比方说你收到了一张新的信用卡。卡里没有任何现金，你所拥有的只是你的信用。你到商场去买了一双100美元的新鞋，使用的是你的新信用卡——就像变魔术一样，你的100美元诞生了！与此同时，你的100美元的债务也就此产生了。100美元流入了经济循环圈子里，人们都很高兴。问题在于，你现在不得不去工作以偿付100美元的债务。

问：所以，是我偿付100美元的能力创造了100美元？是我的借据、我的承诺创造了100美元？

答：正确。

问：所以，100美元是债务？是一份承诺？是对我来说，没有什么比"我欠你"更重要的意识？

答：是的。

问：我创造的这 100 美元是无中生有的吗？
答：是的，理论上是这样。

问：为什么信用卡公司向我提供越来越多的信用卡？
答：非常准确。

问：为什么？
答：有很多原因。

一个原因是，当你和我通过借钱来创造钱，经济就会变大。当你偿付了你的借债，经济就变小了。

另一个原因是债务让富人更富。如果债务不会让富人更富，他们才不会向你发放信用卡。

富人如果不向你发放信用卡，那是他们喜欢你。他们之所以要给你信用卡，是因为他们要挣钱，通过利息——你使用你的信用卡时产生的。当你对信用卡借款做了最低限度的支付，他们会立即给你更高的信用额度。

问：所以政府允许富人发行信用卡，因为政府需要经济增长，创造工作岗位，是吗？
答：理论上是这样的。

就像信用卡的所有人不愿意持有人还清全部欠款一样，银行也不愿意政府付清他们的全部债务，例如希腊和美国的海外领地波多黎各，都面临着违约。这意味着他们不能用借款制造"最低的"利息支付了。银行会允许一个国家调整他们的债务。而调整意味着他们将允许这个国家为他们的债务再筹集资金，意味着银行将借给他们更多的钱，使他们能够继续制造借债的利息。

问：银行将在实际上借给一个国家更多的钱……那么，这个国家能够制造出他们"最低限度的利息支付"吗？
答：是的，他们会这么做。

问：为什么信用卡公司只要求"最低限度的支付"？要这样的话，我不付清债务会怎样？
答：是的。最低限度的信用卡支付就像一个租户支付租金。你永远付不完信用卡债务，租户永远不拥有所居住的住房所有权。你的最低限度的信用卡月支付，让富人更富。同样的，月租金让房地产投资人更富。

无用的金钱

在信用卡和新鞋的例子中，100美元是无中生有被创造出来的。在信用卡被使用的那一刻，100美元的债务变成了富人的资产；同样的100美元，变成了穷人和中产阶级持卡人的债务。

> 问：所以，如果我想成为富人，我需要学习使用债务致富？
> 答：是的，理论上如此。但你必须要非常小心使用债务，通过接受财商教育学习怎样用债务致富。债务是一柄双刃剑，能让你致富；然后突然的，事情改变了，同样的债务却让你变穷，变得非常穷。

那就是2007年房地产市场开始破产后所发生的情况。成千上万的人认为他们是富人，因为他们有抵押资产净值在家——许多人把抵押资产净值当作他们个人的提款机。然后，突然的，市场崩溃了，他们被压在了下面。他们在住房上欠下了大于它价值的债务。一夜之间，他们沦为穷人。许多人输得精光。

这就是为什么我和金创造了《富爸爸现金流》棋盘游戏。这是唯一一款财商教育游戏，鼓励玩家使用债务赢得游戏。

> 问：目的是在使用真正的钱之前先学习使用债务的知识？
> 答：准确。但是绝对不要忘记：债务是很危险的东西。它就是一把子弹上膛的枪。一把子弹上膛的枪可以救你的性命，也可以要了你的性命。

财商傻瓜

当我说"我用债务买资产"时，许多人都说，"那可是很有风险的"。然而，这些人使用信用卡去买债务，例如一双100美元的新鞋时，却不担心有任何问题。

富裕的债务人

苹果，世界上最富有的公司之一，银行账户上趴着大约2,460亿美元。然而过去一些年里，它借了大约有几十亿美元，因为利率很低。为什么苹果要借债？因为债务利率低于遭返现金。从国外调动资金回国会在美国产生纳税问题。

富裕的CEO们

许多公司高管的报酬是公司股票而不是薪金。这促使高管们借钱买回他们的公司股份。当股价升高时，他们在高价位卖掉其股票，一下子变富了……但是让公司雇员和股民变穷。

从20世纪70年代以来，许多CEO使用债务投机于股票市场，而不是用债务发展公司，创造更多的工作岗位。

学习使用债务

那么，我们该怎样学着把债务当作钱来使用？我先讲个故事，也许你们以前听过。

1973年，我从越南战场返回我的家乡夏威夷。我的穷爸爸建议我去大学读MBA学位，我的富爸爸建议我去学习房地产市场投资。

我的穷爸爸鼓励我成为一个 E 象限里的高薪雇员,我的富爸爸鼓励我成为 I 象限里的职业投资人。

有一天,当我正在看电视节目时,出现了一则广告:有一个免费的房地产研讨会。我参加了免费的研讨会,然后,根据我在研讨会上听到的信息,投资了 385 美元参加一个三天的培训课程。那时的 385 美元于我是很大一笔钱,因为我那时还在海军陆战队,挣不了几个钱。

但那个三天的培训项目非常棒。那个指导老师是个真正的富人,一个经验丰富和事业成功的投资家。他热爱教学。我从他那里学到很多。培训结束时,这个导师给了我听到过的最好的指导。他对我说:"从这个培训班毕业后,你的教育课程就真正地开始了。"

他给我们大家留下的作业是三五个人一个小组,对 100 处待售的房产进行观察,然后写出评估报告。他给我们完成作业的期限是 90 天。

起初,我们的组里有五个人。第一次碰面后,剩下三个人。到 90 天期限时,只剩下两个人。

第一次出手

经过 90 天的观察,写了若干页纸的评估报告后,我发现了我的第一次房地产投资机会。这是一处独立产权公寓,户型是一居室带一个卫生间,位于毛伊岛上,靠近海滩。整体开发是没有抵押品赎回权的模式，分户出售的价格是1.8万美元一套。卖家提供90%的融资。

需要我做的全部事只是拿出1.8万美元的10%交个首付。我把我的信用卡递给房地产经纪人付了我的首付，房子就成我的啦！我做的第一次房地产投资是百分之百的OPM——Other People's Money（他人的钱），自己未花分文。

到了每个月的月末，我把所有开销都付了，包括分期债务和物业管理费，大约还有25美元的租金收益进账，一笔无限期回报的投资。我过去还没有过从交易中挣到钱的经历。

尽管每月挣25美元不是很多，但是证明了我学的东西是宝贵的。我学到的第一课是"债务是钱"。另一课是"借款是免税的"。

问：为什么借款是免税的？

答：金融知识中的两个词是非常重要的：debt（借款）和equity（资产净值）。简单来说，equity是你的钱；debt是OPM，他人的钱。

当一个人买了处房产，他就开始了一个低支付的过程。大多数情况下，低支付的钱，是他人的资产净值，是他人交了税后的钱。也就是说这笔钱的所有者是为它交了所得税的。

问：当你用借款作为低支付，没有所得税要缴吗？

答：正确。借款是很便宜的钱，如果你懂得怎样使用它去挣钱的话；借款是很昂贵的钱，如果你用它去买债务（例如用信用卡去买那双鞋）作最低支付的话。

问：所以，你的第一次房地产投资是用百分之百的借款做的，每月取得25美元净现金流收入？
答：不错。但是25美元的净现金流收入也是免税的。

问：你是怎么做到的？
答：那正是财商教育所教的。会计师汤姆·惠尔赖特，我的税务顾问，在前面的章节"为什么说税法让富人合法地变得更富"中解释过纳税和税务战略。

汤姆税课

为什么借款是免税的？

税收的总体规则是，所有收入都是要纳税的。你得到的收入是税后的钱，那就是你的，没有什么附加在上面，你爱怎么花就怎么花。借款不是收入，因为你还要返还人家的。所以，当你借了一笔钱用于投资，这笔钱真的是免税的钱。这让使用借款比自己的资产净值更便宜。资产净值是你已经纳过税的钱。所以，如果借款利率是5%—6%，比你用自己已经纳税40%的净值去投资要合算得多。

高级策略

很显然，毛伊岛上的房产是极为简单的例子。如今，同样的房产已经价值差不多 30 万美元。真希望我没有卖掉它！

金第一次房地产投资是 4.5 万美元的房产。她交了 5000 美元的首付，每月能挣 50 美元的租金。

如今，金和我，以及富爸爸公司的顾问肯·迈克尔罗伊共同拥有大约一万处用来出租的单元房产。我们拥有免费的现金流，每月不用工作，就能坐收许多人一辈子都挣不来的钱。房地产投资的过程是相同的，唯一变化的是我们银行账户数字后面添加的零。

在过去的这些年里，让我们丰富的是我们的财商教育和经历。

我觉得，那些就像巴甫洛夫狗狗的人，简单地做着被告知的事情或者被适应做的事情，没心没肺地把他们的钱交给华尔街，在股票市场上做长期投资……什么也学不到。

这是为什么富人变得更富的很主要的一条原因。

问：难道用你的信用卡、借款支付你的贷款首付没有风险吗？

答：当然有。但是这个风险比起用 1,800 美元去买鞋要小得多。房地产总体上能够保持自己的价值。而当你穿上鞋子，它 90% 的价值立马就没有了。谁会来租一双鞋？但很多人都愿意在夏威夷白色的沙滩边租一间环境优雅的公寓房。

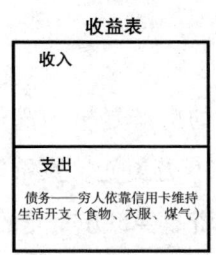

这就是富人为什么更富的另一个原因。富人关注资产超过了关注收入。他们使用借款获得和增值这些资产。

在现金流的游戏里面，有大买卖和小买卖。观察人们玩这个游戏是非常有趣的。我发现，你可以仅仅通过他的习惯一直观察那个输家。他们总是一上来就做大买卖。

银行家喜欢房地产

有四个基本的资产层级，它们是：

1. 企业
2. 房地产
3. 纸质资产：股票和债券
4. 商品

在这四个层级中,房地产是最容易保护的。银行家喜欢把钱投在房地产上。他们这么做有很好的理由。

企业贷款

如果你去见一个银行经理,跟他说:"我想借 100 万美元开个企业。"他可能不会理你。如果你遇到的这个经理比较随和,他可能会推荐你申请 SBA 贷款,即由小企业管理行政机构管理的一种贷款。但如果没有房地产作抵押,要申请到这个贷款也不容易。

汤姆税课

银行在意贷款的安全性

银行不大愿意贷款在开办企业上,因为银行很在意贷款的安全性。而房地产比较安全。银行知道房地产是可以保值的。当你不能够偿付贷款时,银行可以把你的房产拿走,然后通过变卖你的房产,填补上贷款的窟窿。而如果你的企业破产了,银行就不大可能通过拍卖你的企业把贷款追回来。所以对于银行来说,把钱贷给企业,安全性很小。这就是为什么银行想要 SBA 来管理给企业的贷款,如果企业垮了,银行可从这个机构收回贷款。

用于购买股票和债券的贷款

股票经纪人可能会向你推荐,用保证金获得购买股票和债券的贷款。这意味着你得有一定的信用,或者让经纪人掌握你一定的信用额度。如果你投资错误输了钱,经纪人会立即要你追加保证金,或者卖掉你抵押在他那里的任何资产。

汤姆税课

保证金贷款

股票是变化很大的,所以想取得贷款,要抵押一些值钱的东西。尽管如此,股票忽而像火箭,忽而像跳水,所以为什么经纪人只借给你一部分钱(一般不超过50%)购买你的投资组合股票。如果你的股票丧失了投资价值,还不上贷款了,他们需要快速清偿你的贷款债务。

物品贷款

如果你计划用借款去购买黄金或白银,我怀疑银行的人不会贷给你任何款额。银行倒是可能持有黄金或白银的抵押物。不过真的有银行借给我100万美元去买黄金白银,借款期限15年,年利率5%。

金币和银币有腿儿,但房地产不会走路。政府的政策文件颁布很多年了，清楚地规定了怎样是合法的、历史的所有权链，以及房产该如何买卖。这些是银行家们为什么喜欢房地产的原因。

如果你打算开办企业或者投资于房地产，先投资于财商教育吧。然后，从较小的投资或企业做起，因为取得真实的经验是十分重要的。

好消息是：你可以从以上四个层级的资产致富——如果你接受了财商教育的话。

智慧地选择你的象限

问：这就是为什么在你离开海军陆战队前，你的富爸爸劝你从事房地产的原因吧？

答：这是其中的一个原因。他主要是要我在早期生活中关注I象限。

我的穷爸爸要我关注怎样在E象限内找到一个高薪工作。

有很多方法可以到达房地产的天堂。《富爸爸房地产投资指南》这本书是真正的房地产投资人写的，汇集了许多策略和准则。

从前……

从前……政府不会收你的利息税，以鼓励你购买政府发行的债券。债券的发行是为了填补政府开支的缺口。因为政府官员生活在平均线以上,这个缺口光靠税收已经补不上了。

从前……为了吸储,银行间竞争激烈。银行还会免费送你面包和餐刀甚至现金,以吸引你把你的钱存到他们的银行里去。

如今,在欧洲、美洲和亚洲越来越多的银行不鼓励储蓄行为。欧洲和日本已经对储蓄人收费。这个政策叫作"NIRP",即消极的利率政策。对世界其他国家来说,仿效欧洲和日本只是个时间问题。它有力地证明了我们所说的储蓄者是输家这一论断。

这个现象说明了什么呢?说明了世界有了太多的货币,银行不希望你去储蓄。因为你的钱放在银行里是他们的债务。银行欢迎的是债务人,即想去借他们钱的人。所以,储蓄利率会如此之低。

从前……人们信任银行,相信他们会把自己的钱导入生产项目,使经济得到增长。

如今,我们的商业院校持续地教育我们最好最聪明的学生怎样通过操纵市场赚一大笔钱,而不是教育他们怎样投资于研究和发展以及做大企业和创造工作机会上。

股票市场和银行都是为了帮助公司筹集资金、做大企业而创立的。在壮大公司的同时,使储蓄者和投资者也得利。极具讽刺性的是,当他们的企业并不需要钱的时候,那些最富有的公司却积极地从银行贷款,以投资于股票市场。

这是穷人和中产阶级变得更穷的另一个原因。

最后,美国的公众认识到,破损的经济之沟有多深多宽!

可这么大范围的经济挫败并非为了大多数美国人民而造成的。

这就是为什么参议员伯尼·桑德斯要在竞选中大声疾呼：

财富和收入的不平等是当今时代最大的道德问题。

道德的危机开始于我们的学校中。我们从幼儿园到12年级的儿童少年教育，完全没有财务金融知识的内容。所以绝大部分人仍然相信存钱是正理儿，完全认识不到1971年以来借款是钱的道理。没有财商教育，大部分人意识不到金融的规则已经改变了。

如果你想变得更富裕，在实际操作把借款当钱前，先投资于财商教育。学习使用借款让你成为富人，可以体会到难以置信的力量。这个力量是很少的人才体会得到的。

第一部分
总结

富人和穷人之间的鸿沟，是以下因素造成的：

1. 财务顾问
2. 税收政策
3. 债务
4. 错误
5. 储蓄
6. 股票暴跌

既然你已经完成了第一部分的学习，你就能够更好地看到钱币的两面了。我相信通过真正的财商教育，你能看到通往钱币另一面的路径所在。

但是在你开始接受财商教育前，非常重要的是在懂得财商教育在你生活中的价值之时，明白财商教育不是什么。

第二部分
财商教育不是什么?

第二部分介绍
两个教师的故事

许多人认为他们已经接受过了财商教育。当你读这本书时，我相信你对自己的财商教育出了什么问题获得了更好的理解。你可能发现，你同意富爸爸的观点，并决心要在财商和投资上学习更多东西。

在开始"财商教育是什么"之前，我认为先说明财商教育"不是什么"是有道理的。

例如，大多数人认为他们的住房是一项"资产"。然而，在大多数情况下，他们的住房真的是一项"债务"。把一项债务当作资产，是富人和穷人之间鸿沟变深的一条主要原因。

财商盲

在定义了财商教育不是什么后，下一章将进入财商素养。同时更重要的是，当经济再次变化时，那些财商盲的生活将会发生些什么？

所以，如果你做好了准备去检验你的财商教育有多扎实、你的财商素养有多高，那我们就进入第二部分吧。

第七章
财商教育不是什么？

穷爸爸：

我有什么必要接受财商教育？我接受过很好的高等教育，有让人羡慕的工作，有房子，有存款在银行里，还有政府发的退休金。

富爸爸：

如果你和一个傻瓜争辩，那就有了两个傻瓜。

在钱币的这一面，有为穷人和中产阶级的财商教育；在钱币的另一面，也有为富人的财商教育。

这就是为什么沃伦·巴菲特这样说：

华尔街是一个如此奇怪的地方：坐着劳斯莱斯来的人在这里接受那些挤着地铁来的人的指导。

在进入"财商教育是什么"之前，先讨论钱币的另一面"财商教育不是什么"是非常重要的。

财商教育不是什么？

《富爸爸穷爸爸》出版于 1997 年，2000 年登上了《纽约时报》畅销书榜。获得这个殊荣不久，我成了奥普拉的嘉宾，接受她的采访。在一个小时里，我从寂寂无名到名扬天下。

电话铃声密集了，我很快成了许多电视和电台节目的常客，并经常接受世界各地的杂志、报纸的采访。大多数采访都是有关我的两个爸爸的故事——一个穷，一个富。没有人问我关于财商教育的事情。

每一个采访我的人都接受过很好的教育，都很确信他们懂得财商教育是什么。

正如富爸爸所说："如果你和一个傻瓜争辩，那就有了两个傻瓜。"如何向他们解释他们有关财商教育的观念和我的富爸爸的财商观念不是同一回事，就成了对我交际能力的考验，因为我们不在钱币的同一面。

下面是接受过高等教育的人认为财商教育是什么的一个例子：

经济学：许多记者都认为经济学就是财商教育。尽管懂得经济学非常重要，但经济学不是我的富爸爸的财商教育理念。富爸爸经常说："如果经济学能让你致富，为什么大多数经济师都贫穷？"

如今，美国联邦储备银行比其他任何机构雇佣的有博士头衔的经济师都多。如果这些有博士头衔的经济师能让我们富裕，为什么美国经济陷入泥潭？看看下面这张图表吧：

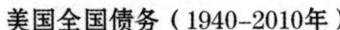

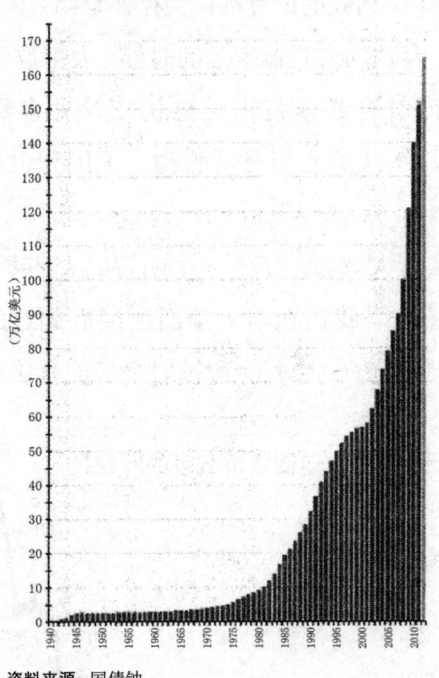

资料来源：国债钟

美国全国债务

你不用经济学博士头衔就可以明白，那些经济师们的工资太高了。

平衡支票簿：在接受采访期间，一个美国著名的电视节目主持人说："大家都知道，财商教育就是怎样平衡支票簿。"当我不同意他的意见时,他掐断了我的话头,转到另一个话题上去了。

平衡支票簿固然很重要,不过我的妈妈和爸爸都能平衡支票簿,但他们仍然很穷。

存钱: 每一个采访我的记者都认为存钱是明智的做法。

当我说到"存钱的人是输家"的时候,大多数记者都畏缩了。

真正的财商教育必须包括金融历史。大多数记者不知道1971年尼克松总统让美元与黄金脱钩,美国和世界各国开始印钞的事情。

为什么当政府大肆印钞了,一个明智的人还要储蓄?

下面两张图表是我们在本书前面已经看到过的,为了加强你的印象,我们再看看:当政府印钞时会发生什么?

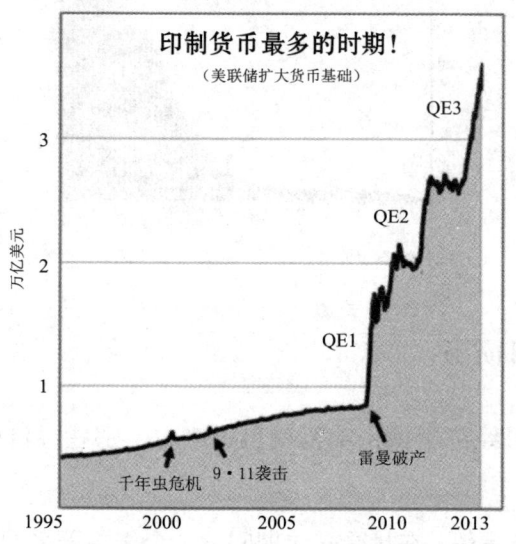

资料来源:市场观察(MarketWatch)

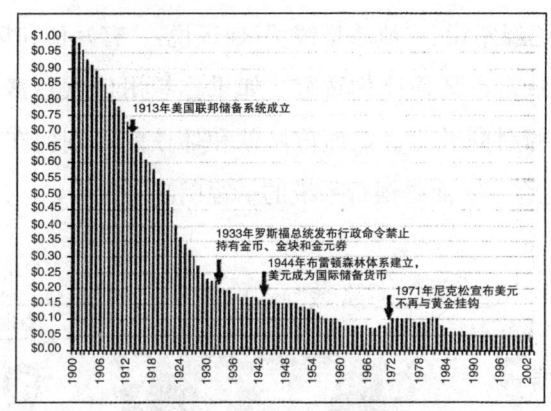

资料来源：金融意识（Financial Sense）

受过财商教育的人都明白，当银行和政府印钞后，钱的价值就被贬低了，人们的生活成本就会上升。

正如你所知道的："问题在于金融，笨蛋。"（我还将多次讲到的这句话，源于克林顿当年在总统选举中的一句名言："问题在于经济，笨蛋。"）

知道你的FICO分数：FICO评分是信用评分的独有品牌。信用分数是一个数字，用于预估你有多大可能按时还钱。信用评分被公司用于对客户的信用价值做决定，即确定是否向你发放贷款、借款或者信用卡。

你的信用分数是很重要的，但这不是财商教育的内容。许多穷人和中产阶级人士拥有很高的信用分数。

清偿债务：我的穷爸爸认为债务是坏东西。他信奉"无债一身轻"。在他接受的有限的财商教育里，无债生活是个好观念，是对穷人和中产阶级的良好指导。

富爸爸经常说:"债款是钱。"他还说:"有好债和坏债存在。好债让你致富,坏债让你致穷。如果你想用债款致富,就必须投资于你的财商教育,以懂得好债和坏债的区别何在,以及如何使用债款。"下面是银行系统的一幅图画。

真正的财商教育必须解释银行系统的大视野。银行系统是一个储蓄人和借债人的系统。正如这幅插画所显示的:没有借债人,世界的金融系统就垮塌了。

这就是为什么多数银行的信用卡提供免费旅游,或者现金返还和其他优惠,以鼓励人们从银行借钱。银行是从债务人而不是储蓄者身上挣钱。自从2007年房地产市场破产后,信用卡消费成了许多银行第一位的挣钱项目。

穷爸爸用债款买他的住房和汽车。这是坏债款。坏债款买债务。坏债款是你必须偿还的债务。

富爸爸用债款投资于房地产，做大他的企业。这是好债款，能让你致富的债款。好债款是由别的人来偿还的债务。政府把税收折扣给那些知道如何使用好债款的人。

世界银行系统是建立在部分准备金制度基础上的。这意味着储蓄者存入银行的每一美元，银行都能从其中借出部分给借款人。例如，部分准备金率是10%，那就意味着银行能够从储蓄者存入的每一美元中借贷出 0.9 美元；如果通货膨胀率太高，部分准备金率可能上升，比方说 20%……那么储蓄者存入的每一美元中，只有 0.8 美元可以贷给借款人。

当银行如他们今天正在做的那样调低利率时，相当于他们在说："我们不想要人们存款，我们需要有人来借钱。"

储蓄的低利率迫使中产阶级转向股票和房地产市场，希望他们的钱获得好的回报。中产阶级这是在追逐金融市场的泡沫。如果泡沫破灭，许多中产阶级将一无所有。

低利率也意味着银行发出了这样的信息："快来借钱吧，钱现在打折了！"

对于富人，低利率让他们更容易变得更富；对于穷人和中产阶级，尤其是他们中的储蓄者，低利率招致他们的灾难到来。

讽刺的是，储蓄收入是要纳税的，而债款是免税的。这是又一条富人更富的原因。

汤姆税课

存款和借款是税收钱币对立的两面

不仅是存款利息和借款纳税不一样——存款要纳税，借款不纳税，好借款（用于购买资产的借款）的利息税是可以减免的。所以，借款实际上低于你的纳税，同时，存款增加了你的纳税。

生活在你的财产水平以下：从前，生活在你的财产水平以下和储蓄是有道理的。省吃俭用和为未来储蓄，可以使你的财产安全，甚至使你变富。

1971年尼克松总统把美元和黄金标准脱钩后，为政府和银行打开了印刷钞票的大门，这以后生活在财产水平以下和储蓄就变得没有道理了。

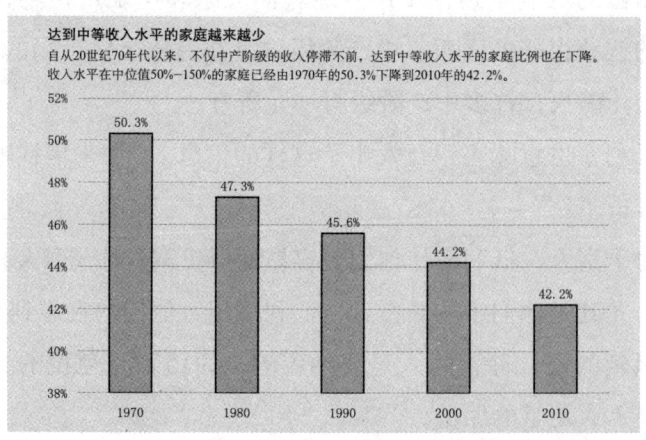

资料来源：阿兰·克鲁格

上面这个图表告诉你中产阶级的生活发生了什么。生活在财产水平以下和储蓄，从财务上讲是不明智的。

生活在财产水平以下只能让穷人和中产阶级更穷。

在股票市场做长线投资：让我们再次看看下面这个图表，了解一下过去 120 年间，股票市场发生了些什么。你可以看到，从 1895 年到 2000 年期间，长线投资是有道理的。

120年的道琼斯工业指数

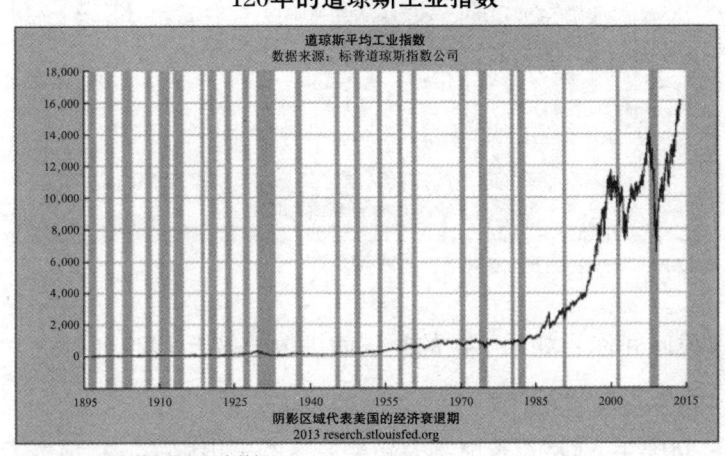

资料来源：联邦储备银行经济数据

从 2000 年到 2010 年，世界经历了三次大的危机。2000 年，我们见证了网络公司的破产；2007 年，是次贷危机，房地产破产；2008 年，是银行业的破产。

正如你从第一章沃伦·巴菲特公司的图表中看到的——它证明了，2000 年后，即使是世界上最棒的投资家也不能防止他的公司伯克希尔·哈撒韦亏损。

我认为,更大的破产潮正在到来。

许多人说:"别着急,没有什么经济危机能超过1929年那次了。"对此,我不认同。

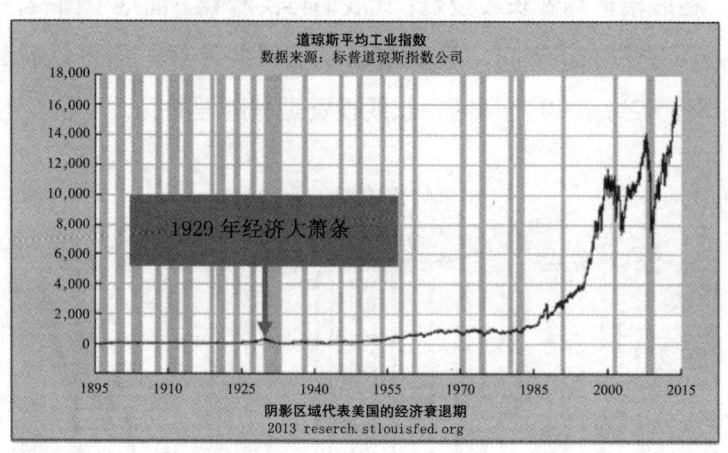

资料来源:联邦储备银行经济数据

我问问你:如果下次的经济危机数千倍于1929年那次,你还会长线投资吗?

2002年,《富爸爸财富大趋势》这本书出版了。它预言了历史上最大的经济危机可能发生在2016年……左右不超过几年。下面的图表提出了一个问题:接下来会怎样?

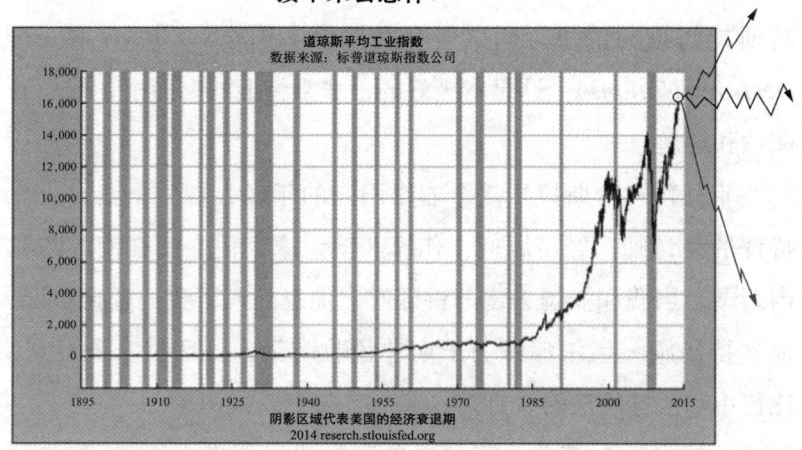

资料来源：联邦储备银行经济数据

如果市场保持上行，长线投资是有道理的。但如果市场崩溃了，成千上万老百姓的生活将遭受重创。不幸的是，富人却将变得更富。如果你想变得更富，你应该停止听从那些乘着地铁来上班的理财专家的指导。

下一次会有多糟？

问：那些人会停止他们的疯狂，转而拯救世界吗？
答：任何事情都有可能。问题在于世界经济是一个纸牌屋。

问：经济崩溃会有多快？
答：如果经济危机出现，它会分阶段的。我的意思是说，如果做好了准备，你有时间做出改变。

我向那些对未来全球经济有兴趣的人推荐了一本由菲利普·哈斯拉姆撰写的书,叫《当金融摧毁了国家》(*When Money Destroys Nations*)。这是本极好的、非常精准的财商书,很容易阅读和理解。

菲利普·哈斯拉姆是个非常阳光的年轻人,一个获得资格特许的会计师、经济顾问、作家和演说家。他生活在南非约翰内斯堡。当我和汤姆去南非讲课时,他也加入了我们登台讲课。他支持汤姆·惠尔赖特关于南非税收政策、滥印钞票的后果、比特币和全球经济的观点。

虽然生活在南非,菲利普曾穿过边界,进入了津巴布韦,亲身见证了一个现代的、曾经是极其富有的国家财政经济的崩溃。这种情况并不是战争或自然灾害造成的,而是无节制地滥印钞票的结果。

六处峡谷

在他的书里,菲利普解释了"恶性通货膨胀的六处峡谷"。在他的祖国南非的群山中,有一个很深的峡谷,点缀着六处很危险的瀑布,以"自杀峡谷"闻名。他描述了从第一处悬崖跳进下方一个很深的水塘的情形。他站在悬崖边上,回头一看,意识到跳下去是脱出困境的唯一选择,不得不纵身一跃,跳离了曾经看来那么宽大、水花飞溅的瀑布,落入了相对小而浅的水塘。

他用他在"自杀峡谷"的经历作为一个比喻，解释了经济危机的六个阶段。

他通过那些实际经历了津巴布韦经济危机的人的眼神变化，讲述了那场经济危机的六个阶段。他的故事让人久久不能平静。如果你有什么动机要做点什么事，请阅读这本书。

下面的内容摘录自菲利普的书，陈述了那些经历了津巴布韦经济危机的人们提供的实际情况。

他们最后不得不卖掉他们的住房，以支撑他们能活三年。这以后，他和他的妻子变成赤贫，不得不逃到南非，和儿子生活在一起。两年后，他们双双去世。

我父亲的一个朋友是一家律师事务所的合伙人，在那里工作了50年。在整个那段时期，他把自己用于退休的终生积蓄投到了 Old Mutual（以雇员为对象的投资项目）公司。由于恶性通货膨胀，他的退休存款大幅缩水。他接到了这家公司的信，他的全部退休存款已经不足以支付他每月的利息收入，所以，他们全额退回了他的退休存款。用这笔钱——他终生的存款——他买了一个盛装燃料的油罐。

你怎么能储蓄这样不断丧失价值的钱呢？你不能啊！可是政府强迫我们使用纸质钞票呀。

厨房被锁起来了，因为食物就是我们的等值钞票，是我们的投资和存款。用食物能买任何东西——工作、砂糖、大米、燃料，等等。它们就是我们的钞票。

在女子监狱里，卫生棉条和卫生巾严重缺乏。对这些东西的需要超过了美元。不久，在这些监狱里，卫生产品作为交换媒介流通起来。

严重的通货膨胀让每一个人都变成了罪犯。为了生存，你不得不去做违法的事。

我们临时雇佣的一个老年女士去为我们资助的孤儿买书。她买了一堆书后，用美元支付给店员。就在这时，一个政府的暗探扑了过来。我们不得不贿赂了他。我仇恨贿赂，但是当你不这么做就要看着这个老年女士去蹲监狱的时候，我们不得不行贿。

他们的生命就像一盏将要熄灭的油灯。得不到任何医疗护理、食物或者洁净的水。没人明白为什么他们的钱买不了什么东西。很多退休的老年人死在自己的家中。一些老年夫妇去到悬崖边，悲惨地结束了他们的生命。

一个曾经富裕的国家

许多人说，这种事发生在津巴布韦不奇怪，因为那是一个贫穷的国家。我提醒他们，不到50年前，津巴布韦曾经是一个非常富裕的国家，以"非洲的面包市场"而闻名。

如今，委内瑞拉的情况变得和津巴布韦有些相似了。委内瑞拉也曾经是一个非常富裕的国家，拥有世界上名列前茅的石油蕴藏量。那么，问题是：这些曾经是富裕国家的人民怎么能允许这样的情况发生在他们身边呢？

菲利普的书讲了下面的故事：

当通货膨胀加剧时，津巴布韦人对津巴布韦币失去了信心。政府恢复了广泛控制的方案。用这个方案管理物价，用通货膨胀率瞎搞，使用含混不清的语言让人理解不了究竟要怎么做。

美联储措辞

格林斯潘，1987年至2006年期间担任美国联邦储备银行主席。他的"美联储措辞"非常有名。这些是格林斯潘自己的话：

自从我成为中央银行的银行家以来，我学会了以不连贯的讲话含糊其辞地表达意思的艺术。如果你认为我对你说了什么太清楚的话，那一定是你误解了我的意思。

听"美联储措辞"，或者别的国家中央银行银行家们的讲话，当然不是财商教育。这是财商的错误消息。如果美联储主席格林斯潘、本·伯南克以及现在的珍妮特·耶伦是诚实的，他们会简单地说："问题在于金融，笨蛋。"

我问过菲利普·哈斯拉姆，他认为世界经济在2016年会从哪一个峡谷的悬崖上跳下去。他的回答是："我相信会是3号峡谷，也可能是4号峡谷。"

现在，你应该已经有了总的概念：财商教育不是什么？下一章，我们会讲解做一个财商盲的代价。

第八章
你是个财商盲吗？

穷爸爸：

我的住房是资产。

富爸爸：

我的房产是债务。

我的穷爸爸是个受过很高教育的人。他是毕业时上台致辞的学生代表，从一所两年制的学院毕业后，继续攻读于斯坦福大学、芝加哥大学和西北大学，最终获得了他的博士学位。

不幸的是，他没有什么财商素养。他不知道资产和负债的区别，因为他根本就不用财商语言说话。

他的财商盲状态需要他付出更艰苦的工作——尽管他从不把财务问题放在首位。每年他都得到加薪，但是他的开销也在增加。尽管他努力管理他的财务，但是钱似乎从他的指缝间溜走了。

虽然他是个受过良好教育的人,工作努力,诚实,对有四个孩子的家庭尽职尽责,同时还是社区的台柱子,但他最后死于贫困。

文盲的代价

我们都知道基础文化的重要性,因为它代表了读写、语言表达和基本的数字演算能力。基础文化是人类和外部世界沟通的桥梁。

下面是有关基础文化水平的五项统计:

1. 小学四年级结束时尚不能精通阅读的人,有三分之二的进了监狱或者是靠社会福利养着。

2. 美国监狱囚犯中超过 70% 的人不能读懂四年级以上水平的读物。

3. 有四分之一的美国孩子长大后没有学会该怎样阅读。

4. 在三年级时不能精通阅读的学生失学的可能性是其他孩子的四倍。

5. 到了 2011 年,美国是唯一的自由市场 OECD(经济合作和发展组织)国家。可是在这个国家中,现今一代受教育的程度低于上一代人。

财商盲的代价

我确信你会同意,我们为缺乏财商教育付出的代价是高昂的。

财商盲让人们心理固化。财商盲人群依附错误的安全感，生活在恐惧中。而恐惧使人变得贫穷。财商盲人群没有能力处理和解决生活中的基础财务问题。

财商盲毁掉了自尊。没有财商素养，一个人的自尊和自我价值通常低下，致使他们不能有效和果断地行动。财商盲人群在生活中装出一副他们懂得用钱做什么的样子。

财商盲让人变得灰心丧气、心烦意乱。离婚的第一位原因是夫妻为钱而争吵。财商盲人群不能找到正确的答案去解决他们的财务问题，总是在担心没有足够的钱，他们中许多人不能生活在幸福、富裕和充满生气的生活中。

财商盲人群固守着偏执的观念。我发现财商盲人群中许多人心理封闭，认为富人是魔鬼，贪婪无度，对人无情。他们还认为只要自己钱多一点，所有的财务问题都解决了。

财商盲人群经常说："你们在这里做不了这个。"甚至当财商素养高的人当面做到了他们认为做不了的事，他们仍坚持这样的观念。他们的生活被这样的观念局限了。这样的观念阻碍了他们尝试一下的努力。困惑、愚蠢和无能为力，这些都是缺乏财商教育的结果。

财商盲人群认为他们是受害人。没有财商素养，就不知道世界经济的走向，当自己的财务出了问题就习惯性地去责备别人。财商盲人群中许多人认为他们的财务问题是富人造成的。

绝大多数人都是税务制度的受害人。但当他们听到富人缴税少甚至不缴税时，他们愤怒无比。他们不想去搞清楚为什么富人可以缴那么点税（或者他们怎么做到让自己的纳税最小化），却去骂富人是"坏蛋和骗子"。

财商盲造成他们的无知。当可以挣成千上万美元的机会就在他们面前时，财商盲人群却视若无睹。

在理财问题上，财商盲人群对以前从来没有见过的陌生人的信任超过了对他们自己。所以为什么那么多人在问"我该用我的钱做什么"。他们按照对方的指导把钱投入股票市场时，都没有想过"什么人在管理我的钱"。

财商盲人群看不到正在到来的市场危机，而是对陌生人的操作充满了信任。

财商盲导致了贫穷。讽刺的是，在一个充满了金钱的世界里，中产阶级却在萎缩，贫困人口在上升。

尽管银行印刷了数以万亿计的钞票，数以亿计的人却仍在说"我买不起"。尽管利率一直在走低，数以亿计的人却仍然得不到贷款去买一套房产。

财商盲人群做致贫的投资。财商盲人群在错误的时间、错误的地方，因为错误的理由而做错误的投资。他们买得高，卖得低。当沃尔玛打折时，他们蜂拥如潮；当华尔街打折时，他们背向最好的投资跑开了。而这时候华尔街的"打折"投资价格是很低的。

财商盲人群做致贫的判断。财商盲人群不懂得价值，经常是不看质量，只买便宜。财商盲人群不理解什么是重要的，什么是有价值的，什么需要出手，或者什么是行为的后果。

财商盲能导致不道德的行为。财商盲侵蚀道德伦理和法律价值。我们都听过那些人的恐怖故事开始于"交易"或者"勾连"或者"赌博",仅仅是因为想挣点外快。

为了钱,他们中的许多人撒谎、欺骗并偷窃。还有许多人宁愿弄虚作假,逃避缴税,也不去学习怎样合法减税或避税。

汤姆税课

逃税是一个世界范围的事

每年总有好几次,我会被一些公司请去帮他们做假账,以逃避缴税,或者至少是被要求不要告发他们。每次我都告诉他们,当他们懂得税法后,他们就不必在纳税上搞欺骗行为了。一些人会听我的,终止欺骗行为,去学习和掌握税法的有关规定。而另一些人依然故我,因为他们懒于通过这样的方法去做正确的事。在意大利,他们的税法实际上规定了两条针对税务欺骗的条款。小一些的税务欺骗有一项罚款;大的税务欺骗有不同的罚款。我和罗伯特在这个国家旅游时遭遇了这样的人。在这个国家,通过弄虚作假逃税是很正常的一件事。其实他们完全没有必要这样做。通过财商教育,任何人都可以学到合法地少缴些税,一点也不用担心被税务部门当作欺骗和逃税行为抓住。

财商盲扭曲了真相。当人们感到有压力和焦虑时,是因为他们面临了财务困境。他们对真相总是没有清晰正确的观点，总是看不到面前的选择和机会。例如，许多人认为豪宅、香车、华服、名酒和珠宝首饰可以把他们打造成富人。

一步又一步

同生活中许多事情一样，财商教育也有一个过程：
财商教育改变了人的财商素养；
财商素养提高了一个人处理财务问题的能力；
处理财务问题的能力让一个人在财务上变得更明智；
最后，财务上更明智的人变成了更富的人。

问：你是说我处理的财务问题越多，我就能变成越富的人？
答：是的。富人经常处理的问题是穷人和中产阶级处理不了的。

问：你的意思是说，如果我逃避处理自己的财务问题，我就会变得更穷？
答：是的。如果你不处理你的财务问题，它们就像账单一样堆得越来越高，导致问题变得更大。

问：我们的政府不是正在做这样的事情吗？
答：正是如此。

问：那么我们该怎样改变这个世界？

答：这可是个问题。不是吗？我的富爸爸经常说："如果你想改变世界，那就先从改变你自己做起吧。"每当我为什么事情而抱怨的时候，他就重复对我说下面的话：

要改变某事，先改变自己。

什么是财商素养？

富爸爸最重要的一课是：

你怎样处理你的财务问题决定了你的未来。

1997年，《富爸爸穷爸爸》出版了。这是一本关于财商的书籍，关于两个9岁的小男孩——富爸爸的儿子和我。对那些读过这本书的人来说，下面的内容是一个复习，一个有了些润色的复习。

财务报表

下面的图是富爸爸用于发展我们财商所画的简单图表。这是财务报表的富爸爸版本。

这个简单的图表改变了我的人生方向。如果不是因为这个简单的方式让我形象化地明白了收入、支出、资产和负债这些概念，我可能就会沿着我穷爸爸的脚印，变成一个工作努力，却终生在财务困境中挣扎的雇员。

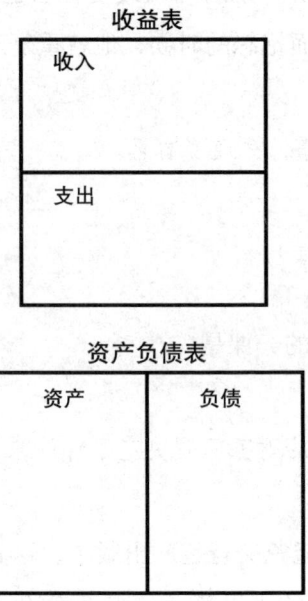

财务报表是财商素养的核心。那就是为什么富爸爸经常会说："我的银行老板绝不会向我要学习成绩报告单。他不在意我是从哪个学校毕业的、在校的平均成绩，而是要看看我的财务报表。你的财务报表就是你离开学校后的成绩报告单。"

在年轻的时候打下的财商素养基础，给了我一个比较清晰的人生方向。

不能阅读财务报表的人是财商盲。你知道，有很多受过高等教育的人读不懂财务报表。这是我们面临的真正危机。

用图说话

我和富爸爸的儿子从 9 岁开始接受财商教育。富爸爸用图来说明,话语不多。如今,作为一个成年人,我仍然喜欢用图说话,语言辅助。

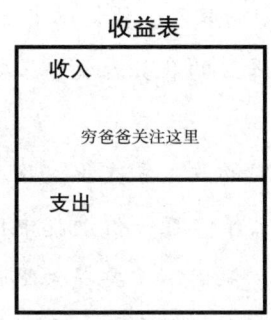

我的穷爸爸的工作是为了一份保险的职业和一份稳定的薪水。我的富爸爸的工作是为了产生现金流的资产。你关注哪一边:收入还是资产?

汤姆税课

财务报表的力量

我敢讲，一个人的财商素养就看他使用哪一种财务报表和怎样使用它。雇员们倾向于仅仅看他们的收入。在一份纳税申报单上，雇员们只需要报告他们的收入。他们的支出几乎没有可减免的。所以，对那些在E象限里的雇员来说，工资单就是他们的财务报表。

小企业主倾向于看他们的收入和支出。收入报告讲述了他们挣的什么钱，支出做什么了。在一份纳税申报单上，小企业主只需要报告收入和支出。他们不需要提供资产负债表。所以，对于那些在S象限内的小企业主来说，赢利和亏损报表或者收入报表是他们使用的唯一财务报表。

那些在B和I象限内的人使用至少两份财务报表。他们使用资产负债表，报告他们的资产和债务，并使用一份现金流报表，显示他们的现金从哪里来到哪里去了。在一份纳税申报单中，大企业主和职业投资人需要提供他们的收入和资产负债情况报告。他们还需要向银行提供现金流报表、收入报表和资产负债报表。

我在我的会计师事务所准备纳税申报单时，我们需要我们的所有业务和投资客户提供收入报表和资产负债报表。只有这样，我们才敢保证他们提供的信息是精准的。收税人也会是同样的感觉。在纳税申报单上，如果某家企业只提供他们的收入报告而缺了资产负债报告，他们将面临五倍的被审计可能。

六个重要的词

财商素养的核心有六个词。它们是:

1. 收入
2. 支出
3. 资产
4. 负债
5. 现金
6. 流动

随便问一个企业家,哪两个词最重要,他会回答:"现金和流动。"

问:为什么"现金"和"流动"是最重要的两个词?
答:因为现金和流动决定了某物是收入还是支出,是资产还是负债。

例如,收入是现金流进来;支出是现金流出去。

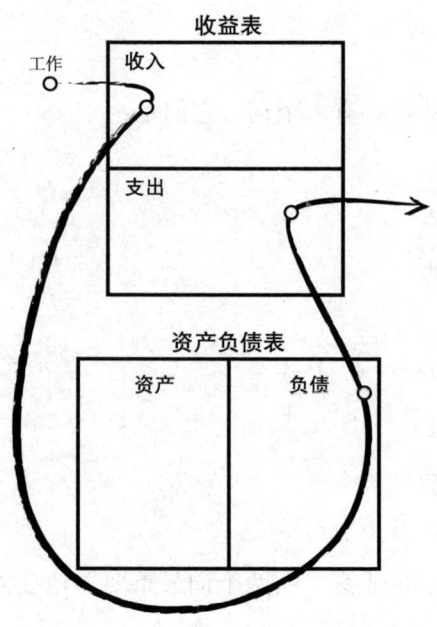

在现实生活中，这俩词可能就是支票簿——收入进来，开支出去。

问：这就是你为什么说"平衡支票簿不是真正的财商教育"？
答：非常准确。

问：因为支票簿不包括资产和负债？
答：很对。我的父母都能平衡支票簿，但是他们却对资产和负债完全没有概念。那也说明了他们为什么贫穷。

每到月底,他们就很奇怪自己的钱上哪去了。他们的钱经由负债例如住房、汽车流出去了呀。可是他们却把负债当资产。

问:所以,是资产和负债决定了人们是富人还是穷人或中产阶级?
答:是的。不同的阶层关注财务报表中不同的栏目。

收益表

收入
支出 穷人

资产负债表

资产	负债
富人	中产阶级

问:你是说穷人总是试图通过减少花销来积攒钱财?
答:是的。

问:富人的关注点在资产?

答：是的。

问：那么，为什么中产阶级关注负债？
答：因为在多数情况下，他们不知道资产和负债的区别。

问：那就是为什么你的穷爸爸把他的住房叫作资产，而你的富爸爸把他的住房叫作债务？
答：对呀。

问：为什么会这样？
答：答案就是财商素养。而钱币的另一面则是：财商盲。

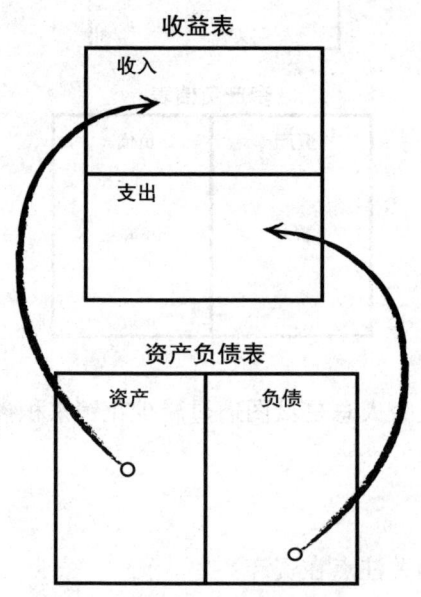

语言的力量

这里有两个重要的解释，是富爸爸创造出来帮助我们懂得资产和负债区别的。

资产把钱揣进你的口袋，不管你工作不工作。
负债把钱从你的口袋里掏出来，即使它们处于升值状态。

问：也就是说，现金流的方向决定了某物是资产还是负债？
答：对。

问：那么，如果住房为你的口袋里带来钱，它就是资产？
答：说得对。任何物品都可能是资产或负债，定义它的是现金流的方向。大多数人的钱从指缝间溜走了，因为他们坚持认为自己的房子和车子是资产。

汤姆税课

资产和现金流

用另一个表达来描述财务报表就是"财务状况报告表"。如果一个人的现金流进超过了现金流出，他的财务状况就是良好。如果你没有工作，你的现金流进将只被你的资产决定；你的现金流出将只被你的债务决定。所以，"资产"可以不夸张地被定义为创造了现金流进的某物；负债可以被定义为创造了现金流出的某物。你的资产和负债或者现金流进和流出的区别，被叫作你的净值或财富。

一定要复习这六个财商素养的核心词语：收入、支出、资产、负债、现金和流动。

> 问：怪不得你把你的游戏命名为"现金流"。是把"现金"和"流动"这俩词合而为一了？
>
> 答：是的。因为在金融的现实世界中，控制现金流的方向是最重要的。富人懂得怎样控制现金流进，而穷人和中产阶级控制不了现金的流出。
>
> 问：这就是世界金融危机爆发的原因吗——因为我们的领导人正在制造债务和现金流出？
>
> 答：是的。不过第一位的原因是我们的领导人通过印刷钞票来弥补现金外流后出现的亏空。

关注的改变

"邻家的百万富翁"关注这两类资产。

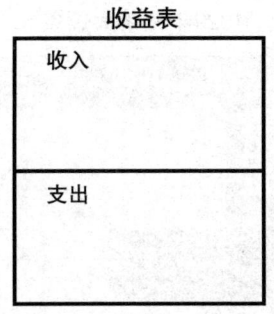

如今最大的难题是这两类资产——存款和股票——都是有毒的。

记住，在1971年至2000年期间，人们存钱和在股票市场做长线投资是很好的做法。而2000年后，世界改变了。

一个有财商素养的人是能够看着下面这个图表——我们前面复习过的——就懂得这个图表告诉了我们什么的。

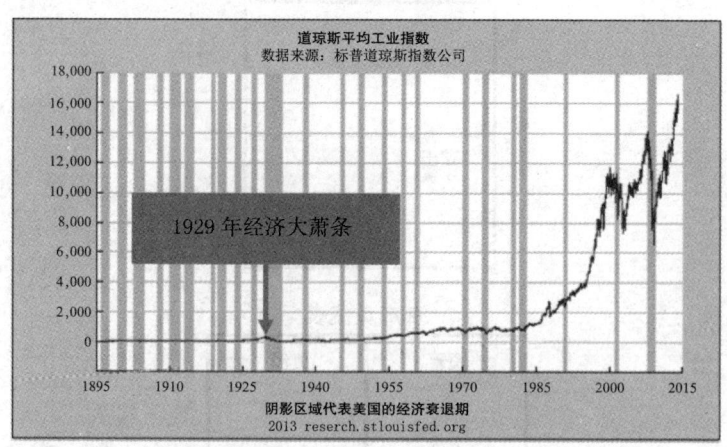

1929年经济大萧条

资料来源：联邦储备银行经济数据

问：为什么你要吓唬我？

答：这不是我的目的。我知道这有点恐怖，但是我这么做的理由是为了支持财商教育，让人们做好准备面对下一次来临的倒闭潮。

问：下一次会发生什么？

答：我真的说不清楚。没有人真的知道。以前我们也从来没有面临过这样的情况。

2010年9月7日，沃伦·巴菲特说：

我想告诉你们一件事：你们可能做的最糟糕的投资是现金。每一个人都在谈论现金是王以及诸如此类的观点，但随着时间消逝，现金正在变得毫无价值。

那些遵从巴菲特劝告，从现金王国出来转而走向股票市场的人，在 2000 年前，都是很好的做法。难的是，当我写这本书的 2017 年，股票价格一直走高。所以问题在于，在这场危机中，巴菲特的话能拯救他们吗？

再看看 21 世纪三次经济危机中，巴菲特的绩效。

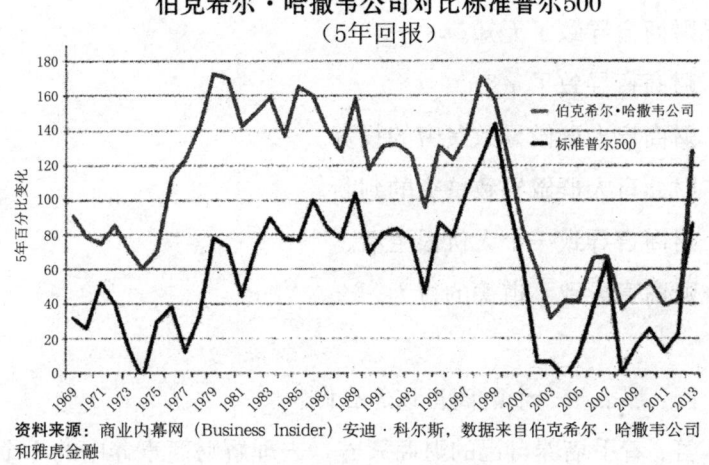

资料来源：商业内幕网（Business Insider）安迪·科尔斯，数据来自伯克希尔·哈撒韦公司和雅虎金融

图表显示，市场又在爬升。问题是：即使是像巴菲特那样懂行的投资人，在未来的经济下行中也不会损失吗？

你是财商盲吗？

当你考虑这些行动和反行动、这些关于财商素养和财商盲的教训，你是怎样反应的呢？你想到和感觉到了什么？下面，我总结了一些财商盲人群对这个现实世界可能做出的反应——如果有另一场危机的话。

  财商盲使人们心理固化。

  财商盲毁了他们的自尊。

  财商盲造成了人的灰心丧气和心烦意乱。

  财商盲人群固守着偏执的观念。

  财商盲人群认为他们是受害者。

  财商盲导致了无知。

  财商盲导致了贫穷。

  财商盲人群做导致贫穷的投资。

  财商盲人群做导致贫穷的判断。

  财商盲导致一个人仇恨生活。

  财商盲导致不道德的行为。

  问：那么，一个财商盲该怎么做？

  答：着手培养自己的财商素养。去理解财商素养中的六个基本词语：

1. 收入
2. 支出
3. 资产
4. 负债

5. 现金
6. 流动

在以下方面挑战你自己：
懂得现金流是怎样决定某物是一件资产还是一项负债。
懂得为什么住房不是一件资产。
懂得为什么储蓄者是输家。
懂得你的投资组合可能是负债而不是资产。
懂得为什么市场会骚乱。
懂得为什么"邻家的百万富翁"的两个主要资产——存款和股票——可能变成负债。
懂得为什么说"问题在于金融，笨蛋"。

如果你能懂得和解释这些原理和观念，你就走在了成为财商才俊的路上了。

第二部分
总结

金钱是一门语言。学习成为一个富人非常像学一门外语,同样要花很多时间,要反复练习,要有献身精神。

穷人间讲同样的语言。他们用贫穷语言讲话,用贫穷语言思维,用贫穷语言沟通。他们用得最多的语句是:"我买不起那个"、"我做不了那个"。这些语词可能会改变,但他们在实质的方面却一点没变。

正如亨利·福特所说:

如果你认为能你就能。
如果你认为不能你就不能。
两种思维方式都没有错。

中产阶级间讲同样的语言。中产阶级最喜欢讲的语句是:"有保障的工作"、"稳定的收入和福利"。他们竭力避免的词语是:风险和债务。他们认为储蓄是精明的主意——没错,但1971年以后就不是了。即使后来他们在嘴上不讲这些词语了，但其他方面仍然没有变化。

富人间讲不同的语言。那些受过财商教育的富人讲的是不同的语言。企业家和雇员间讲的是不同的语言。房地产投资人和股票投资人间讲的是不同的语言。房地产投资人会用到词语例如"资产回报率"，股票投资者会谈论"市盈率"。其实两者的意思几乎完全一样。要点在于，"词语变成了现实"。

得到真正的财商教育了吗？

第二部分是关于：
财商教育不是什么？
什么是财商盲？

第三部分将关注于：
什么是真正的财商教育？

好消息是真正的财商教育开始于词语，真正的财商语言——富人的语言。所有最好的消息是：词语真的变成了现实！而词语是免费的。

第三部分

什么是真正的财商教育？

第三部分

（从鸦片战争到五四运动）

第三部分介绍
债务和税务

我打赌,如果我说债务和税务是世界财务词汇中最阴险的两个词,许多人都会赞成我。

债务和税务是富人和其他人之间的鸿沟变深的真正原因。

所以为什么说1913年是世界历史上具有决定性的一年。这一年,美国联邦储备银行建立了,第16条修正案通过了,这导致了国家税务局———个经常让人感到害怕的税务部门——的创立。

在富勒博士所称的"GRUNCH",全球现金总额抢劫会发生之前,这两个机构需要共同存在。

如今,债务和税收就像癌症一样吞噬着穷人和中产阶级的心肝和灵魂。美国全国的债务是一个蓄势待发的灾难。然而,从钱币的另一面来看,债务和税收持续地让富人更富。

真正的财商教育不是有关股票、债券、开放基金或者共同基金买卖的教育。正如沃伦·巴菲特所说:

股票配置的多样化是在保护无知。如果你知道自己在做什么，就该明白那样做毫无意义。

可是，如果一个人对债务和税收懂得如此之少，他又怎么能明白他在做什么呢？

无论何时当我说："我挣了数百万，只缴了很少的税——合法的哦！"大多数人的心脏都停止了跳动，脑子一片空白。我怀疑，许多人对我的话的恐惧超过了对税务员——很少有什么事情能比税务审计更令人不快了。不过你完全没有必要那样，如果事情正如巴菲特所说的那样——"你知道自己在做什么"！

有了汤姆·惠尔赖特这样的指导者、教师和税务顾问，我对自己日常作为企业家和职业投资人所做的一切有充分的自信。在我要做的事情可能会越界时，我就请汤姆帮忙把关。当你遵循规定，特别是遵循纳税规定和相关法律行事时，生活让你如此的轻松自如。

正如汤姆一直所说的，"税法的规则是为了起刺激作用，指导你怎样做一个政府的好伙伴，做政府想让你做、需要你做的事。"这就是为什么世界范围内的税法总是对企业家和大企业有利的原因。

简而言之：

税法惩罚那些生活在 E 和 S 象限里的人。
税法奖励那些生活在 B 和 I 象限里的人。

这就是为什么真正的财商教育要开始于债务和税务。真正的财商教育必须要看到钱币另一面的债务和税务。

真正的财商教育必须要教育学生们认识到，债务和税务是怎样让富人更富的。真正的财商教育也必须要让学生们认识到，债务和税务怎样能让他们也变富。

这就是我要求我的私人税务顾问汤姆·惠尔赖特作为我这本书的助理的原因。债务和税务是真正的财商教育跳动着的心脏。

汤姆税课

税法的真正目的

税收法规确实提高了政府的税务收入，但它们同时也体现了政府非常重要的目的——鼓励人们遵循政府的政策行事。世界各国的政府们都想要企业雇佣更多的人，并投资生产更多的住房、能源和食物。那就是为什么有那么多的税务利好政策给了在B和Ⅰ象限内的人的原因。

第九章
为什么富人玩《大富翁》游戏？

穷爸爸：

找到一份工作。

富爸爸：

不为钱工作。

在过去多年里，我参加了很多场关于财富问题的研讨会、大会和演讲。讲话的人有一个共同点：他们把问题说得复杂无比，让人觉得云遮雾罩，不得要领。

他们中的许多人似乎讲的是外语。我怀疑他们使用"金融术语"的目的不是为了沟通方便，而是让他们自己有一种学术上的优越感。他们想要证明，他们比我们普通人聪明得多。

真正的财商教育不必复杂或者让人困惑。我想起了阿尔伯特·爱因斯坦的一句话："如果一件事你不能对一个六岁的孩子解释清楚，你自己可能就不明白。"

真正的财商教育可以是非常简单的，简单得就像玩《大富翁》游戏。

三笔收入

当你劝导年轻人"好好学习，将来找个好工作，努力干，多攒钱，投资长期的401（K）退休计划"时，你漏掉的是一点关于税务的财商教育。

给年轻人开人生方子的人还应该给他们的教育对象再加上一句："你将缴纳最高比例的税金。"

如果年轻人知道一点点有关财商的知识，他们会问："我可以怎么做以少缴点税？"这个问题会引起他们问另一个问题："什么是真正的财商教育？"

这个问题，以及类似于这样的一些问题，将会导引着人们站到钱币的脊面——一个有利于他们看到两面的位置。他们能够看到富人们工作的那一面。在钱币的那一面，富人们的工作不是为了钱。

关于税收的真正的财商教育不必非常复杂。金钱主题开始于收入，人们通常有三个收入类型：

1. 普通收入
2. 投资组合收入
3. 被动收入

普通收入是三种收入中被扣税最高的收入。

当你劝导或者鼓励某人"找一个好工作"时，那个人就开始了雇员的思维，并为了挣到普通收入而工作。

当某人说："回学校去深造，然后把你的职业提高到另一个水平上"时，更意味着最后还是为了普通收入而工作。

当某人劝告他人要"一点一滴地攒钱"，更像是要做纳税申报——存款利息作为普通收入是要纳税的。

当某人指导他人说"为401（K）退休计划存钱"时，来自401(K)退休计划的储蓄收入也是普通收入的分支，一样要纳税。

汤姆税课

普通收入是最糟糕的收入

投资组合收入和被动收入是按特殊税率征税的，享受特殊的税收福利。政府是最喜欢投资组合收入和被动收入的，所以它提供刺激政策鼓励人们获取这两种收入。其他的收入都是普通收入，政府不会提供刺激政策鼓励人们去挣这样的钱。

政府对增加投资退休计划——例如美国的401（K）或者加拿大的RRSP——的激励税收政策是推迟在其收入上的纳税，直到其取出投资款。此外，在对401（K）纳税时是按照普通的税率。如果某人在退休前取出其对401（K）的投资，税法将会对其课以惩罚性税收。他不仅会被按最高的税率征税，还必须把投资的钱留下直到退休，或者是缴纳高比率的税金并同时接受惩罚。

179

问：也就是说读书、工作、存钱和把钱投入政府主导的长期退休计划，就是在为普通收入而工作？

答：是的。

问：当某人变成了一个老板，从 E 象限转移到了 S 象限内，他还会缴纳高比率的收入税吗？

答：是的。

问：为什么是这样？

答：作个简短的回答吧：因为他们工作是为了钱。记住，《富爸爸穷爸爸》中，富爸爸的第一课就是"富人不为钱工作"。同时还要记住，1971 年后，所有的钱都变成了债务。当越来越多的钱被印刷出来时，为什么还要为钱而工作？当钱变成了债务，为什么还要还债？记在脑子里吧，所有的事情变糟都是一个原因：问题在于金融，笨蛋。

学校教育学生，工作就是为了挣钱。这就是富人和穷人以及中产阶级之间的鸿沟变宽的基本原因。

给人们更多的钱于事无补。更多的权利保障计划让穷人和中产阶级更穷。因为权利保障计划的赋予是不免税的，而税是由穷人和中产阶级来缴的，而这些人工作正是为了钱。

问：这样公平吗？

答：我又想骂一个脏字了。关于公平谁说过什么吗？我没有说过它是公平的。如果生活是公平的，我看起来会像布拉德·皮特①。不公平的是在学校里缺乏真正的财商教育。由于没有财商教育，成千上万的人陷入了财务危机。

学校教育学生们工作就是为了普通收入。问题就从这里开始了。

富人的收入

富人工作是为了投资组合收入和被动收入。

投资组合收入也被称作资本利得。资本利得产生于你的低买高卖。例如，你收购的股份是每股10美元，卖出是16美元，你每股的资本所得是6美元。这6美元就是证券投资组合收入。同样的，你在房地产萧条的时候买进了房产，然后，等到它升值的时候卖掉它。买卖房地产以获得收益也是这样的事：低买高卖。

从技术上讲，普通收入产生于你为钱而工作；从技术上讲，投资组合收入产生于你低买高卖的任何时间……当你的钱为你工作时，就免去了你为钱而辛苦地工作。

在美国，投资组合收入的税率是20%。

---

① 美国著名电影演员。——译者注

汤姆税课

世界各国怎样对待投资组合收入

并非只有美国喜欢投资。大多数国家对待投资组合都实行比普通收入低得多的税收政策。这些国家的政府都鼓励它们的公民投资,所以它们给投资者的投资组合收入以特别投资税率。

被动收入来自资产的现金流。你的资产产生着金钱。在房地产行业,被动收入被叫作"租金收入"。例如,我用10万美元买了处房产,我的净租金收入是每月1000美元。这1000美元就是被动收入。

从房地产获得的被动收入是税金最低的收入,有时候甚至是零税金。

如你所感觉到的一样,这里容易把人搞糊涂。当说同样一件事时,存在着不同的词语:房地产行业一种说法,炒股票是另一种说法,投资债券则像说外语。

所以,为了让事情变得简单,我只记三类收入:普通的、投资组合的、被动的。如果我参加一个会议,当讲话人讲得像外语时,我就举起我的手发问:"你说的是普通收入、投资组合收入和被动收入吗?"如果讲话人不知道这三种收入的区别何在,那他就不知道自己正在讲什么。

问：也就是说，真正的财商教育必须让人懂得三种收入的区别在哪里，是吗？

答：是的。这就是富人和穷人以及中产阶级之间的鸿沟开始产生的地方——产生于他们工作是为了什么类型的收入。

玩《大富翁》游戏

富爸爸把《大富翁》游戏作为一个教学工具。这个棋牌游戏成为他的"教室"。他教育我们不要为现金、为普通收入而工作；他教育我们要为投资组合收入、为被动收入而工作。例如，如果我有一间绿色的房子出租，租金收入是10美元，这10美元就是被动收入，而这种收入是三种收入中纳税率最低的。

问：那么，你是从小就懂得了这三类收入的不同之处吗？

答：是的。正如我在第三部分介绍中所说，真正的财商教育必须教学生们关于债务和税务的内容。最重要的是，债务和税务怎样能够让他们致富。玩《大富翁》游戏对于他们懂得三种类型的收入可以起到打基础的作用。

玩了《大富翁》游戏后，富爸爸会带我们去看他的现实世界中的"绿色房子"。他嘴里的词儿都是"租金收入"和"现金流"等。他总是告诉我们，"某一天，这些绿色的房子将会变成红色的酒店"。

参观了富爸爸的"绿色房子"后,我回到家里。我的父母总是会问:"你做完你的家庭作业了吗?如果你没有一个好成绩,别指望会进一个好大学,别指望将来有个好工作!"

问:你是说一个爸爸劝你将来为普通收入而工作,另一个指导你将来为投资组合收入和被动收入而工作?
答:是的。很显然,作为一个9岁的孩子,我还不大懂得三种类型的收入以及债务和纳税。但是,富爸爸为我的将来铺下了基础。通过在现实生活中学习玩《大富翁》,我在钱币的另一面能看见我的未来了,还能看到我通往钱币另一面的旅程。

红色大酒店

十年后,也就是我19岁那年,我从学校所在的纽约回到了夏威夷家乡,出席富爸爸的红色酒店开业仪式。酒店就位于威基基海滩,一处在夏威夷乃至世界都享有盛名的房地产地段。

如今,我和我的妻子金拥有了位于亚利桑那州的红色大酒店。酒店有数百名员工,周围还有我们的五个高尔夫球场。我们所做的全部工作就是在现实世界里玩《大富翁》游戏。

我和金致富不是通过挣取普通收入,而是通过挣取投资组合收入和被动收入。

问：这就是你和你的妻子开发《富爸爸现金流》游戏的原因——教育人们懂得投资？

答：是的。我和金获得财务上的自由是在1996年，当时我47岁，金37岁。我们结婚的时候还年轻，开始做投资的时候一无所有。我们没有工作，没有去存钱，没有401（K）退休计划，却取得了财务的自由。

当有人问我们是怎样取得财务自由的，我们一时还不能准确地解释我们是怎样做到的。我们甚至试着用玩《大富翁》游戏的办法向他们解释我们所经历的过程。这个过程催生了我们开发《富爸爸现金流》游戏的念头，并在1996年当年发行了它的商业版本。

随后在1997年我自行出版的《富爸爸穷爸爸》，与其说是本书，还不如说它是一个解释《富爸爸现金流》的小册子。我卖游戏时，确实是计划写本小册子。现在你们都知道了，我们接触的出版商都不看好它。

问：是因为你们接触的出版商都没看到钱币的另一面？

答：我们就是这样猜想的。他们对"富人不为钱工作"、"储蓄者是输家"和"你的住房不是资产"等这些观点理解起来好像特别困难。绝大多数出版人员都是为钱、为普通收入而工作的雇员。而我的书和《富爸爸现金流》游戏教人们有关投资组合收入，尤其是被动收入的事情。

问：出版商可能没弄懂你书中传递的信息，但是奥普拉·温弗莉弄懂了。要不然她怎么会在2000年邀请你出席她的节目，对吧？

答：奥普拉是世界上最有钱的女人之一。她懂得富爸爸和穷爸爸的故事。她的生活开始于钱币的穷人的一面，然后，转移到了富人的一面。如今，她不再需要一份工作来养活自己。

为什么股市存在泡沫？

在本书的前面，我列举了"金融化"作为富人更富的一个原因。金融化产业通过制造大规模杀伤性金融武器——一个神秘的衍生产品，把金融危机带给了我们。金融化产业让世界经济保持在泡沫中，通过债务和保持零以下的利息率，吸走数以万亿计的财富，并希望最后的崩溃不会到来。

金融化影响着公司高管的薪水。据美国经济政策机构的统计，公司高管的工资从1970年以来，以指数方式增长着，增加了几乎1,000%。而在同一时期，雇员的工资仅仅增长了大约11%。

公司高管不是为了钱而工作

在世界各国的公司执行层中，一大部分人的回报都不是工资而是股份。执行层的高管们并不想要高薪，不想要普通收入。

我们假定CEO们有权以每股10美元的价格购买股份。他们干得很好,股价升到了每股16美元。CEO们把运用特权每股10美元买到的股份以每股16美元的价格迅速卖掉,每股净盈利6美元。如果他或者她买了100万股,其资本所得就是600万美元,而这600万美元资本所得属于投资组合收入,其纳税税率远远低于工资收入600万美元的税率。如果CEO们得到的600万美元是工资,即普通收入,他或她将按照大约45%的税率向联邦储备银行和国家税务局纳税。

600万美元 × 45%=270万美元税金。

而选择把600万美元作为长期资本利得或者投资组合收入,他或她只需按照大约25%的税率向联邦储备银行和国家税务局缴税。

600万美元 × 25%=150万美元税金。

在同一个公司里,雇员们工作为的是普通收入,而高管们为的是投资组合收入,这是富人更富的另一个原因。

如果执行层非常自信,他或者她能够让雇员们玩命地工作,提高公司的股票价格,执行层可以只拿1美元的普通收入,其他的收入以股票特权或者说以投资组合收入体现。克莱斯勒的

CEO 李·拉克卡就是这样做的,还有苹果公司的史蒂夫·乔布斯也是如此。这是又一个例子,富人们工作不是为了钱。其中的理由就是税的问题。

泡沫愿景

2008 年危机后,美国企业在挣扎中增长。如果企业不增长,股价就会下跌,CEO 和高管们就挣不到很多的钱。

这是大规模的金融化起飞时的情景。因为利率一直很低,CEO 们用公司良好的信用,开始向银行借钱,然后用来买公司的股票。这被叫作股份回购。回购股份的行动说明 CEO 和企业的员工不能让企业增长。但他们借钱不是用于研发创造新产品和市场,让公司重新兴旺,而是借钱投资于股票市场,回购公司股份,推高公司股票价格,然后 CEO 们卖掉他们的股份,挣取投资组合收入而不是普通收入。

大多数妈妈和爸爸们、"邻家的百万富翁"投资者们,认为股票回购是件很好的事。当股票价格升高时,他们的退休投资组合也升高了。他们觉得 CEO 们做了天大的好事,让企业又开始增长了。

问题是在大多数情况下,由于没有新产品和未来的远景,公司变弱了,没有了竞争力,并深陷于债务中。于是,公司高管们背着装满了投资组合收入的口袋,乘着"金降落伞"辞职了。

雇员们被遗弃在装满债务、正在下沉的船上，还在为获取普通收入而工作，还在为获取银行利息（也是普通收入）而储蓄，还在投资于401（K）退休计划（也是普通收入）……

没有受过真正的财商教育，雇员们怎么知道为什么工作？怎么知道储蓄和投资于普通收入不是最好的主意？怎么知道在他们和富人之间的鸿沟正在越变越深？

该反抗了

过了一段时间，雇员们觉得有点不对劲了。他们嗅到了一些可疑情况的蛛丝马迹。他们的工资不再涨了，工会领导人号召罢工，要求加薪。罢工胜利，工人们赢了，挣了更多一点的普通收入。

然而更高的工资支出让公司变得更虚弱了。终于，它变成了"接管目标"。还存在的董事会董事、那些挣了数百万投资组合收入的同一群人，一致同意要改变。他们已经挣了足够多的钱，于是他们把企业卖给新的所有者。一旦公司被卖出，新的老板开始重组企业，通常他们做的第一件事就是裁员。

下岗的雇员们回学校去充电，许多人都借了学生贷款——对于一个人来说最糟的债务之一。他们希望通过学习重新找到个职业，为挣得普通收入，又开始努力工作……富人和其他人间的鸿沟又加深了。

比起到工会去参加罢工的会议，比起想挣取更多的普通收入,或者是回到学校充电,再找个新工作,雇员们更应该在午饭的时间里玩一玩《大富翁》游戏。他们也许会从中学到为什么"绿色房子"的租金比工资收入要好得多。

汤姆税课

教育税

当某人为找寻新工作而回到学校去充电时,教育的费用是不会减免的。因为他们将要进入全新的职业。如果他们去接受财商教育培训,以改善自己的投资,情况会好得多。不管怎样,这类作为改善他们企业经营水准和投资技巧的教育,其费用是可以减免的。

第十章

幻象收入：富人们的收入

穷爸爸：

我需要我的工资。

富爸爸：

我不需要工资。

描绘幻象收入就像是描绘房间里的鬼一样难。这是非常重要的一章，我已经尽了我的所能让其简单些。幻象收入是很富的人挣的一种收入，很少有人知道它。

我建议，如果你发现这一章让你困惑的话，找个朋友一起学习，然后在一起讨论本章的内容。如果幻象收入的概念还是弄不明白，就向一个会计师请教。总之，要千方百计地弄懂这个非常重要的主题。没有接受过真正的财商教育，大部分人对幻象收入一无所知。所以这一章非常重要，因为幻象收入是富人的收入。

更高水准的财商智力

当我1973年从越南回到家里,富爸爸建议我,从参加房地产投资训练班开始我的财商教育。

"去拿我的房地产从业执照?"我问他。

富爸爸笑着说:"不。房地产从业执照是为那些在S象限里的人准备的。你应该通过财商教育进入I象限。"

房地产代理人的工作是为了挣得普通收入,而真正的房地产投资顾问的工作是为了投资组合收入和被动收入。拥有一个房地产的从业执照当然没什么不好,但绝大多数房地产经纪人都不是房地产投资顾问。正如富爸爸所说:"那些人之所以被叫作经纪人是因为他们比你还要一文不名[①]。"

当时,我还在海军陆战队做飞行员。一天夜里,当执行完我的夜间任务后,我回到自己在威基基的公寓里。这时已经是深夜,我打开电视机,看到了一个关于投资的商业信息广告。推广人承诺教人们怎样投资房地产,"绝不会让你亏本"。因为海军陆战队的飞行员挣不了多少钱,这个在夏威夷——世界上几处房地产最贵的地方——买套房产还"绝不亏本"的广告吸引了我。我按照电视屏幕下方的电话打了去,预定了参加免费的"研讨会"。

在免费的研讨会里,我看到了许多像我一样的人:厌倦了朝

---

① 英文中"经纪人"和"一文不名"的比较级是同一个词:broker。——译者注

九晚五的工作，正在寻找人生的不同道路。研讨会里推销了一期房地产培训班，时间为三天，收费 385 美元。这在当时不是一个小数字，差不多是我在海军陆战队里当飞行员一半的月工资了。

当我问富爸爸，他认为我参加这个培训班是好事还是坏事，他微笑着说："我又没参加，怎么会知道呢。但有一件事是明确的——你只管做就好了。你应该一直坚持学习新事物。做事情的人总比那些什么都不做的人强。"

学院的人对培训班的人

这是我的富爸爸和穷爸爸又一个不同的地方。穷爸爸是一个学术人。他相信传统教育，认为如果一个名牌大学没有推出好课程，那不是真正的教育；如果导师的名字后面没有一个博士头衔，那不是一个真正的教师。

富爸爸是一个对短期培训感兴趣的人。他尤其喜欢戴尔·卡耐基的课程。对他来说，那些课程是注重实践的、有用的，并且在时间和金钱上是相对便宜的投资。富爸爸不在乎教师有什么文凭或证书。他更关心的是教师的授课能力。如果教师讲课枯燥沉闷，卡耐基的公司一定不会容忍，他们一定会开了他。所以富爸爸相当肯定，卡耐基的老师会紧紧地抓住受训者的注意力，实实在在地教给人们一些东西。

穷爸爸特别在意学位和学术头衔。他非常热爱和享受从高中毕业，然后拿到学士学位，再获得硕士学位，直到取得博士学位的过程。学位和头衔，都是 E 和 S 象限里的人非常看重的东西。

富爸爸仅仅关心在 B 和 I 象限里取得成功。

沃伦·巴菲特：培训班的人

甚至沃伦·巴菲特都参加培训班。他曾经说："我从不把我的大学学位证书挂在墙上，但是我很骄傲地把我从卡耐基公共演讲课取得的证书展示出来。当我在股民的会议上讲话的时候，我得学着控制手和脚不要抖动。"

沃伦·巴菲特是世界上最受欢迎的研讨会——伯克希尔·哈撒韦年度投资者大会的主持人。这个会议被称作"投资人的伍德斯托克[①]"。

真正的教师

三天的房地产培训班真是棒极了。指导教师是一个真正的房地产投资人。他非常富有，完全取得了财务自由，生活得很幸福。他就是我想成为的那个人。

课程很注意实际操作，没有常规的俗套。指导老师在讲课中引用的是房地产实例而不是教科书理论。他讲到了他的成功

[①] 美国一个著名的音乐节，每年 8 月在纽约伍德斯托克举行。——译者注

和失败。还有，像富爸爸一样，他强调了错误的重要性——错误是肩膀上宝贵的拍打，它提醒你："醒醒吧，你什么都不懂。这里是你必须学习的东西。"

他讲到了拥有一个好的合作伙伴的重要性，以及与一个糟糕的合作人尤其是一个不诚实的人共事的惨痛教训。他讲到了信任、信用和谦逊，以及对你与之共事的每一个人抱以善意和尊重态度的价值。对他来说，认为自己比他人更聪明或更强是一种罪过，是对你的人类伙伴的犯罪。

到三天培训结束的时候，我领悟到做一个房地产投资人不是挣钱的事，而是要做一个房地产行业的企业家，向大众提供买得起、安全的住房。如果你在这上面做得很好，你才能挣到很多的钱。

如果你做得很好，银行将会向你提供更多的贷款；如果你做得很好，政府会在税收上给你打折。你会成为政府的合作伙伴，做政府想要你做的事。

一个真正的房地产投资人，不是一个追逐资本利得的炒房客。炒房的人是财产的交易者，是另一个层面的财产投资人。炒房者总是想要把房子变得更贵，房价更高，所以，炒房者会缴纳高额的税金。

> **汤姆税课**
>
> **炒房者制造的是普通收入**
>
> 炒房需要的只是投资者个人的努力。所以，炒房被按照普通收入纳税。炒房者得按照同S象限里的人一样的税率缴税。

大多数炒房客就像股票投资人。他们并不想要资产，只想要资产价格走高。一旦房价走高到符合其心理预期，他们通常会在一两天或者几个小时内卖掉资产。这就是他们的挣钱方式。这就是为什么资本利得尤其是炒股所得的税率要高于被动投资者，尤其是高于真正的房地产投资人——真正的房地产投资人的投资目的是现金流。

交易者相信投资行业的"大傻瓜理论"。一个交易者买进某物，然后等待着比他还傻的傻瓜——愿意出比前者更高价钱的人。传统上，一个交易者不会添加任何价值在资产上。一些房地产炒客会把财产加以修缮或改造，然后再出手。炒房产或股票都是为了普通收入。股票和房产的炒客要缴纳比真正的房地产投资人多得多的税金。

市场萧条

一旦有"大傻瓜"露面，炒客或者交易人就笑了。当"傻瓜"停止买进，市场就开始萎缩了。那就是2000年、2007年和2008年发生的情况：当傻瓜不再犯傻了，市场危机就发生了。

现金流的投资者等待着市场的萧条。"傻瓜"们跑掉了，躲起来了，真正的房产投资客却从冬眠中醒来，四处寻找砍价的机会。

幻象现金流

培训班指导老师的课程远远超越了"怎样找到并且不花自己的钱就买下一处房产"这样具体的指导。就像富爸爸一样，他讲到了幻象现金流——看不见的收入。他教导我们："幻象现金流是富人的真正收入。幻象收入是穷人和中产阶级看不见的收入。"

换句话说，他谈到的幻象收入不是普通的、投资组合的或者被动的收入，而是你看不到的收入。幻象现金流是没受过财商教育的人看不到的。幻象现金流是看不见的收入，是债务和税务的衍生物。

问：债务和税务产生幻象现金流吗？
答：是的。这就是为什么真正的财商教育都是以债务和税务为中心的。永远记住：真正的财商教育是关于债务和税务以及幻象现金流——看不见的富人收入的。

这章剩下的内容，是关于你怎样才能看见这个看不见的房间里的鬼——幻象收入的。

请注意：我举的所有例子都是最为简单的，仅仅是为了教学的目的。对那些想要知道更多细节的人，我会列出几本书的单子。那些想要生活在 I 象限里的人，这七本书对你们非常重要。

债务是幻象现金流

当人们把钱用来作为存款或买房，他们是在使用税后的钱。比方说 10 万美元的房产需要 20% 的首付。这意味着买房人必须付出 2 万美元。如果投资人是 40% 的纳税等级，那么 2 万美元的首付实际花了投资人大约 3.5 万美元的普通收入或者说工资收入。其中大约 1.5 万美元进了政府的税库。

借款

问题是：如果投资人不是花自己的税后工资，而是借了 2 万美元，情况会怎么样呢？

答案是投资人省下了 1.5 万美元。这 1.5 万美元就是幻象收入！投资者得到的这笔钱是不曾通过劳动来的钱，是不曾缴过税的钱，也不是自己省下来的钱。

> 问：所以，通过使用这笔借款，投资者赢得了游戏的 1.5 万美元？就像是给竞赛中取胜的跑步冠军颁发的奖金？

答：说得对。当爸爸妈妈一点一滴地积攒着税后美元准备交首付的时候，那些懂得怎样化借款为钱的职业投资者早就跑在路上了。当爸爸妈妈攒够了首付的钱时，职业投资人早就跑在投资的另一条路上了。

问：他们跑在前面仅仅是因为他们使用的是借款，而业余的买家使用的是攒下来的税后存款？

答：你理解得对。想想这个例子，如果你不必去上班，不必纳税，会省下多少时间和金钱——难道省下的仅仅是2万美元的首付款吗？

问：你是说借2万美元就行了？

答：是的。这样想：对很多人来说2万美元都不是很大一笔钱。然而当你需要20万美元或者200万美元或者2000万美元作首付呢？

问：我付不起这样的首付。就是说，富人之所以更富，是因为他们懂得怎样去借大额的首付来买房产？

答：是啊。如果你是个生活在E象限内的上班族，希望通过努力工作和精打细算来致富，你是很难同那些I象限里的人一起玩致富游戏的。I象限里的人玩的是债务、税务和幻象收入。没有真正的财商教育，在E象限里的人是不可能看到I象限里的人玩的游戏的。

这就是为什么股票、债券和共同基金对那些在 E 和 S 象限里的人是最好的投资的原因。你不必为纸资产作首付。大多数人只是在玩现金。

问：那么对 I 象限内的人来说，债务是个关键？
答：是的，但还有税务和幻象收入。记住，借款是免税的。租金收入比工资收入更能省钱省时间。

问：要那么做的话得接受很多培训吧？
答：当然。不过那也正是财商教育的价值所在。我要再重复一遍唐纳德·特朗普的这句话："你知道，我是债务之王。我爱债务。但是债务是狡猾的。它非常危险。"

问：所以富爸爸建议你在开始成为一个房地产投资人以前，先去学房地产课程，因为房地产与债务、税务和幻象收入密切相关？
答：不错。

问：为什么他不亲自教你？
答：他说他已经尽其所能教我了，应该是我去寻找更好教师的时候了。他自己就时常在不同的城市间飞来飞去，参加研讨会，拜内行的人为师。

富爸爸经常提醒我，天堂里一颗星后面有三个聪明的人追随着。尽管他们已经足够富庶、足够聪明，也绝不停止追寻新的、更聪明的教师。

老练的投资人

正如我们前面叙述过的——权当在复习——在财商教育中有六个基本的词语。

它们是财务报表中的六个词：

　　收入
　　支出
　　资产
　　负债
　　现金
　　流动

记住，银行的人不会要你的学习成绩报告，而是要你的财务报表。很悲哀的是，大多数人并没有。

接下来，让我们来复习三种类型的收入：普通的、投资组合的和被动的收入。

下面的纳税百分比是大致的，只是用于强调和说明：

普通收入	40%
投资组合收入	20%
被动收入	0%

在多数情况下，穷人和中产阶级拥有的是普通收入，是三种收入中纳税最高的。储蓄和401（K）收入也是按照普通收入纳税的。"邻家的百万富翁"工作是为了获得普通收入和投资组合收入。

老练的投资人工作是为了获得幻象收入。幻象收入需要很高水准的财商教育和素养，因为幻象收入是看不见的收入。

下面是幻象收入的例子：

借款是免税的钱

从借款产生的幻象收入是你省下的时间和金钱。物业租赁比工作更能获得它。因为工作收入是交了税的、省下的钱。

前面举过的例子解释了2万美元的首付为什么实际上值3.5万美元的普通收入。而省下的1.5万美元是幻象收入——金钱和时间都省了。

如果你懂得了怎样借款为钱，你也能快速致富。

增值是幻象收入

增值发生在房产价格升高时。例如，一个价值10万美元的房产增值到15万美元，其中的5万美元就是以增值形式出现的幻象收入。

问题是大多数人手里急需用钱，不得不把它以15万美元的价格卖掉，而交易本身又得缴纳资本所得税。

如果资本所得是5万美元：

5万美元 × 20% = 1万美元税金。

没什么损失的方式

我和金以及肯·迈克尔罗伊没有采取卖掉房产的方法，而是采用了不同的策略。我们通过借款的方法保住了5万美元的增值。我们以房屋做抵押，向银行贷了15万美元。房屋所有者一直采用这个方法，它被叫作"住房净值贷款"。

增值，幻象收入，产生于债务中，然后以免税的形式进入了我们的腰包。

大区别

大的区别是租房客支付了我们新贷的租赁房产的利息费用。而在住房净值贷款的情况下，本应由房屋所有者自己支付贷款的利息。

但更经常的是，许多房屋所有人把这种贷款拿去支付信用卡的债务和其他高利息借贷，如学生贷款。这样做可以减轻家庭总的利息月付，但在财务上并不是最合算的。

职业投资人会用这种货款作为租赁房产的首付。我们假设职业房地产投资人从现有的一处房产上取得 5 万美元，而他还需要购买两处用于租赁的房产。现在他的财务报表资产一栏中就有三处而不是一处房产。

问：但是新增两笔贷款后，投资人的债务不就增高了吗？
答：是的。但是如果投资人很优秀的话，新增的租赁房产就成了他的被动收入了。不仅他的贷款利息有了着落，还有被动收入进入他的口袋里。

问：投资者得到了更多的幻象收入吗？
答：下面就是更多的幻象收入的例子。

汤姆税课

更多的房地产=更多的幻象收入

设想你有一处价值 10 万美元用于租赁的房产。这 10 万美元的房产没有债务，是你用税后收入购买的。设想另一种情况是：你借贷了 20 万美元买了三处房产，现在已经增值到 30 万美元。我们设想你的房产增值 10%。如果你是一处房产，你的增值或者说幻象收入是 1 万美元（10 万美元 ×10%）；然而，如果你拥有的是价值 30 万美元的三处房产，你的增值或者说幻象收入是 3 万美元（30 万美元 ×10%）。这种情况下，你的债务为你带来了 3 倍的幻象收入。

这里是幻象收入的更多例子：

分期偿还是幻象收入

分期偿还会减少你的债务。你每次贷款买车或者用信用卡支付你的借款余额不是分期付款，就是一次性付款。

妈妈和爸爸们用他们的税后普通收入分期偿还他们的借贷，用的是自己的钱。这和房地产投资人用借款偿还是完全不一样的。他们的借贷款是由租房客来分期偿还的。对职业投资人来说，减少债务是幻象收入的另一种来源。

我喜欢房地产，是因为我的债务是由我的房客而不是我来分期偿付的。记住，好的债务是由别人替你偿还的资产。每个月底，我和金都变得更富有，因为这个时候我们的租客都在替我们还债。

贬值是幻象收入

贬值又被称为折旧。你将享受到税务部门给予的税收减少政策，因为从理论上讲，你的房产由于磨损而贬值了。

即使你的房产正在升值，税务人员仍然会因为折旧政策而给你的税额打折，好像你的房产正在贬值似的。

折旧是职业房地产投资人的一项主要幻象收入。

汤姆税课

戏法一样的折旧政策

在我的著作《免税的财富》第七章中,我非常详细地解释了戏法一样的折旧政策。这真正是一项幻象收入。想象一下你自己并没有纳税的房产却享受到了减税政策是什么感觉!即使你是借钱买的房产,你依然享受到了折旧的减税政策。许多国家都有这项减税政策,但是只针对那些产生了现金流的房产。个人的住所不享受折旧的减税。

为什么储蓄者是输家?

储蓄者是输家的原因是:

1. 储蓄者要缴纳利息税——而他们的存款是来自于税后的普通收入。

2. 因为银行政策制度(量化宽松政策和部分准备金银行制度都是可能的因素)的原因,当他们的存款购买力下降,他们就亏损了。

问:就是说,储蓄者存入的钱是税后的,但是存入后的价值还下降了?

答:是的。

问：房地产投资人之所以赢,是因为一方面他们的房产增值,一方面却还享受税收折扣?

答：是的。

接下来的例子是关于幻象收入是怎样让富人更富的。

麦当劳的钱是幻象现金流

雷·克罗克曾经说过:"麦当劳是一家真正的房地产公司。"

麦当劳是世界上最大的快餐连锁餐厅,却又是一家房地产公司的原因是:幻象收入。

让现金流象限讲故事。

麦当劳的汉堡包生意

麦当劳的房地产生意

让我们假设麦当劳快餐企业赚了100万美元的应纳税收入,再假设麦当劳房地产企业有100万美元的房产折旧。

100万美元的快餐企业应纳税收入被其房地产企业的100万美元折旧减税抵消了。这就意味着麦当劳快餐企业不需要缴一分钱的税。

汤姆税课

应纳税收入

如果麦当劳没有房地产企业,它就要为它的100万美元应纳税收入缴纳45万美元的税金(100万美元×45%)。折旧减税把它应纳税收入的税额减至了零(100万美元的税后收入少于100万美元的减税)。所以,麦当劳100万美元的快餐收入分文未纳税,为他们省下了45万美元的税金。

问:那么麦当劳变得更富有,除了收入这项手段外其他还有什么呢?

答:是的。更多的例子是:

1. 从房地产折旧中获得的100万美元是幻象收入。

2. 他们的房地产增值是幻象收入。

3. 麦当劳汉堡包企业的价值上升是幻象收入。

4. 麦当劳汉堡包企业和房地产企业的分期偿还债务是又一项幻象收入。

5. 许多美国企业在美国本土以外的国家挣钱,其境外收入逃离了美国税收,获得了更多的幻象收入。

6. 类似的例子还在继续增加,究竟有多少种幻象收入,取决于企业的税务策略有多聪明,取决于企业里的"汤姆·惠尔赖特"有多聪明。

麦当劳里的雇员

与此同时,麦当劳里的雇员们正在辛勤工作,为了挣一份工资,存钱、还款,并投资于401(K)退休计划——为的都是要上税的普通收入。

然后他们很困惑,为什么富人越来越富?

问:你把麦当劳的做法应用于你的企业了?
答:我们确实那么做了。我们必须把麦当劳的经验转移到B象限中的富爸爸公司。

让现金流象限讲故事。

不同的一点是，我们把在海外取得的全部收入转回了美国，我们的总部所在地。我们相信这样做是正确的。

问：即使你们把海外富爸爸公司的全部收入转回了国内，你们还是能够做到零纳税，是吗？

答：是的。当我们在B象限内的富爸爸公司挣到了更多的钱，我们就为在I象限内的投资企业购买更多的房地产。

问：也就是说，你们是在B和I象限内变得更富。你们增加了收入，增加了债务，增加了幻象收入，却几乎不纳税？

答：你领会对了。

问：在E和S象限里的人能做同样的事吗？他们是否能够得到幻象收入？

答：能呀。但是他们必须成为I象限里的职业投资者。像"邻家的百万富翁"这样的人是没有资格的。他们只关注投资股票、债券、共同基金、交易所买卖基金和养老计划。被动投资者的投资挣不到幻象收入那样的收入水平。

问：哦。这就是为什么你谈起进入投资这行前，参加房地产培训班的原因？

答：是这样。投资于房地产行业比起投资于股票、债券、共同基金和交易所买卖基金，需要更多的财商教育素养。

懂得资产类别

纸资产是流体。如果你在投资于纸资产过程中犯了错误，输赢都是瞬间的事。房地产不是流体。当投资失利时你不能快速切割。

问：你可以推荐什么房地产课程吗？

答：有许多公司都开设了房地产课程。富爸爸公司也有。我们开设了许多网上课程。富爸爸教育公司在世界上许多国家的城市里开设了生动的研讨班。富爸爸顾问公司开展了一对一的指导业务，专门指导那些做好准备要转变自己象限的人。

尽管我相信，"富爸爸"能提供很好的课程教育和指导计划，但对你来说，重要的是要决定什么计划对你最适合。"富爸爸"无线电台每周都有播出的节目，会播出报名进入"富爸爸"学习的注意事项。每周的节目中，都会有我和金与思想新锐人士的对话。我们的对话范围广泛，但话题主要与企业家和职业投资顾问相关。

开始于书本

世界上最伟大的教师是书籍。而且书籍不贵，这个教师能带领你进入翔实的细节里。也许，这个教师最好的一点是，只要你有时间，它就能按照计划随时来到你面前。如果你不懂某些地方，这个老师很高兴指引你回头重读你没有弄懂的地方。

很多年前，我要求我的私人顾问们写书，解释他们所做的细节。富爸爸公司的所有顾问都是企业家、自我奋斗成功的人士和各自领域里的翘楚。

我们有为 S 和 B 象限里的人写的书，也有为 I 象限里的人写的书。

如果你想学习更多关于幻象收入和 I 象限的知识，我会推荐很多顾问写的书。

富爸爸公司的顾问肯·迈克尔罗伊写了三本书给那些对投资房地产感兴趣的 I 象限人士。我和金、肯一起挣了数百万美元，经常使用的是 100% 的借款，而且多数是免税的。如今，肯是房地产领域最聪明的人士之一，还是使用借款得到数百万美元房地产工程的专家。肯·迈克尔罗伊著的三部书是：

《房地产投资 ABC》（*The ABCs of Real Estate Investing*）
《房产管理 ABC》（*The ABCs of Property Management*）
《房地产投资高级指导》（*The Advanced Guide to Real Estate Investing*）

你可能还喜欢加勒特·萨顿的书《房地产漏洞》（*Loopholes of Real Estate*）。加勒特·萨顿是一个律师和房地产投资人。

当然，做房地产并非适合每一个人。对那些喜欢纸资产的人来说，安迪·坦纳是我的顾问，他的书名是《股票现金流》（*Stock Market Cash Flow*）。这本书对"邻家的百万富翁"——那些把很多钱捆扎起来投进可怜的纸资产的人来说，是无价之宝。

安迪教的一门学科，每一个投资人都需要了解：当市场高涨时和市场萧条时怎样挣钱？正如安迪经常说的，"市场萧条让富人更富"。

尽管纸资产不产生房地产那样的债务、税务和幻象收入利益，但纸资产为I象限里的职业投资人产生许多其他的利益。

现在，我确信你同意我的会计师和税务战略家汤姆·惠尔赖特在怎样合法地少缴税、不缴税方面是一个天才。他为我和金省下了成千上万的税金。汤姆作为富爸爸公司顾问撰写的书，书名就叫作《免税的财富》。

如果你想成为 I 象限里的富人，你必须懂得怎样保护你的资产不被两类掠食者——诉讼和税收所掠食。

加勒特·萨顿是个律师，是我的资产保护法律顾问。如果不是他，我和金将会因为一个无聊的诉讼，失去我们所有的财产。他是个资产保护的天才，保护你的财产不被他人和政府掠去。

因为这些因素，你必须像 B 象限里的那些公司一样，保护好自己的资产。加勒特所著关于资产保护的书有：

《如何创办自己的公司》（*Start Your Own Corporation*）

《如何经营自己的公司》（*Run Your Own Corporation*）

《怎样利用有限责任公司和有限合伙企业》（*How to Use LLCs and LPs.*）

法的精神

正如多年前我三天房地产课程的指导老师所说："住宅房地产投资人的目的是提供安全可靠和大众买得起的房屋产品。"如果你这么做，世界上多数国家的政府都会和你合作，向你提供税收折扣和幻象收入的机会，而这些是 E 和 S 象限里的人享受不到的。

> **汤姆税课**
>
> **政府想让你致富**
>
> 政府乐于和投资人以及企业主合作。政府与麦当劳合作，给了后者45万美元的房地产税务折扣。这就像政府在房地产投资了45万美元一样。如果你从事的是房产建筑行业，政府会给你税收折扣的，你犯不着去冒那些风险。通过给你的税收折扣，政府摊薄了你其他收入的风险。

遵守法规是非常重要的，例如房地产法、财务法、税法和公司法。遵照法的精神以及法律条文行事，是B和I象限里的人必须做到的。

> **汤姆税课**
>
> **守法**
>
> 现在你应该很清楚了：比起普通人来，富人有不同的规则。对于守法，他们有更严格的需要。如果E和S象限里的人在税务申报上有一点造假，他们会受到轻微处罚。如果B和I象限里的人忽视了法律里的任何部分，他们将被送到监狱去。所以，如果你想成为B和I象限里的人，你必须小心谨慎地遵守法律条款和法的精神。

问：房地产投资只是大投资人玩的吗？

答：不。我给你讲讲小投资者的例子。我还是尽可能让我的例子简单些。

玛丽是个 40 岁的雇员，年工资收入 10 万美元，每年要缴纳 3 万美元（30% 纳税等级）所得税。空闲时间里，她是 I 象限里的职业房地产投资人。

几年后，她拥有了 10 处用于租赁的房产，价值 100 万美元。她的房产没有为她带来收入。但她的租赁房产每年的折旧减税是 10 万美元。

她的所得税 = 3 万美元

租赁房产折旧减税 = 10 万美元

纳税 = 0（10 万美元的税后收入低于 10 万美元折旧减税）

问：那么，虽然她没有从租赁房产中挣到钱，但她省下了来自她工资即普通收入的 3 万美元税金。因为她不必缴纳 3 万美元的税金了，那这 3 万美元就是她的幻象收入？

答：是的，这 3 万美元就不必离开她的工资账户了。

问：但她还会从增值和分期偿付中得到幻象收入？

答：正确。

问：这样当她退休时她的房产借贷款也会还清了？

答：是的。她就用不着继续供房或不得不卖掉自己的房产了。

问：她还能继续得到租金收入来养老？
答：是的。如果她还在意她的房客和房产的话。

问：她会挣到更多的钱并且缴相对少的税金？
答：是的。在 I 象限精神里，如果你在意你的房客和房产，政府将在意你。

最重要的一课

当初，在为期三天的房地产培训班结束的时候，我们的指导老师跟我们说："从你们离开教室的这一刻起，你们的教育就开始了。"

当我们等着他布置家庭作业的时候，他把我们按三五个人的规模编成了若干小组。

"你们的作业是在 90 天内，考察 100 处房产，学习怎样找到一处最好的投资。你们要把所学的东西应用于实践。你们可能会犯错误，但是你们的真正教育就是从错误中开始的。"他继续说，"你们的教育开始于敲响房地产代理人的门，开始于进入一户户房屋，开始于浏览报纸上的分类广告以寻找机会，开始于驾着车在周围转悠寻找那些要卖的房产。当你发现一处可能交易的房产，一定要亲自去检查，分析得失，然后就这处房产的优缺点写一页纸的报告，包括增值的可能性、预估债务和纳税，以及幻象现金流。你们得有100个这样的报告，找真正的房产，90天内哦！"他这样要求大家。

"我们为什么得这么做呀？"有一个同学质疑。

"因为一个真正的投资人就是这么做的。"指导老师微笑着对我们说："这个100∶1的比率证明了一个真正的投资人怎样找到一个好的投资。"

我记得开始时我的小组里有五个人，大家都同意要完成作业。但你可以想象，完成这个作业的时间期限并不长，而大家都很忙，要带孩子去踢足球，要工作到很晚下班，或者有来自于妻子或丈夫的"麻烦事"。

到90天期限的时候，我们小组里只剩下了两个人。我们夜以继日地对我们的项目进行分析、评估。直到如今，尽管已经做了40多年的房地产投资人，我还认为那是我经历过的最好的财商教育。

我买下的第一处房产是一个带卫生间的一居室公寓房，位于毛伊岛美丽海滩的一条街上。那时房地产市场处于萧条状态，买家寥寥无几。这处房产是丧失了抵押品赎回权的，对投资人来说太完美了。这套公寓房的售价是1.8万美元，我需要支付的首付是10%。我掏出信用卡，刷了1,800美元，用百分之百的债款买下了它。从积极现金流中，我每月只挣到了25美元，但这是无限的回报，因为我用的是百分之百的借款，没有花自己一分钱。

没过多久时间，有人要买我这处房产。买家给出了4.2万美元的价格，是我买价的两倍多。尽管我并没有卖掉它的计划，但还是扛不住回报率的诱惑，于是卖掉了公寓房，把钱投入一个被称为1031延迟纳税交易的项目上去了。

问：什么叫延迟纳税交易？
答：意思是我不必为交易缴资本所得税。只要遵循1031交易规则，我从公寓房交易中获得的2.4万美元的资本利得全免税。

问：免费的资本利得是更多的幻象收入？
答：是的。只要我遵守1031规则，即需要我投资于更多的房地产。我不可能花2.4万美元只买到一处房产，所以，不久后我买下了三处房产，用这2.4万美元做了这些房产的首付。

汤姆税课

1031（类似的）交易

在美国，政府愿意放弃房地产交易收入的税收，只要这笔收入立即用来购买其他的房地产。售房者的所得转入了新的房产，只有当他在世时把这笔钱从房地产中撤出后，它才最终被征税。然而，只要他持有房产直到去世，这笔所得就将永远免于征税。

我的房地产投资开始于使用信用卡的借款,并一直将使用借款持续下去,遵循的是幻象金钱的规则。

问:当初1.8万美元的房产现在价值多少?

答:几年前我了解了一下,同样大小的公寓楼房产卖到30万美元到42.5万美元。我确信现今的价格还要高些。

问:你后悔卖掉它吗?

答:既后悔也不后悔。由于三天的房地产课程,我才能够将我的2.4万美元变成千百万美元。如今,我和金拥有超过5,000处用于租赁的房产,三家酒店,五处高尔夫球场,全部都来自于借款、税务和幻象收入。所以,当我希望现在还持有那处房产时,我的财务境况已经大不相同了,从零开始,把零变成了成千上万。

金钱的流动

把零变成成千上万的美元被称为"金钱的流动"。我得飞快地把钱流动起来,获得更多的资产,然后在不卖掉资产的情况下把钱从这些资产中抽出,去买更多更多的资产。

富人变得更富的另一个原因在于穷人和中产阶级让他们的钱趴在银行账户上,或者投资于长期的养老金计划。而I象限里的投资人让他们的钱飞快地流动,绝不会让它趴在那里静养。

汤姆税课

趴在账上对比流动

趴在长期投资项目上获得的收入要被课以资本所得税。当一个I象限里的投资者让他们的钱通过借款和投资流动起来,这一过程他们不缴任何税,因为它是借款。但是它实际上能从资产折旧中产生额外的幻象收入。

问:那么一般人看不到钱的流动?
答:是这样的。所有普通人只知道让他们的钱趴在那里,而I象限里的人却在借钱,然后以高速运转它。

问:所以有那么多的人对你说,"你在这里做不了这个"?
答:对。我一直听到这样的声音。因为他们中的大多数都是生活在E和S象限里的人。当这些人挑战我们所做的,我只能望着窗外,看到那些满大楼里的人正在像我们这么做——就在那里!

如果你弄不明白这一章里的任何部分,请找一个伙伴一起学习,或者请教一个会计师,与他讨论。这是非常重要的一章。如果你掌握了这一章,你将会看到大多数人根本看不到的东西,即使这东西就在那些人的眼皮子底下。

第十一章
I 象限：金钱的主人

穷爸爸：

回到学校去拿你的MBA。

富爸爸：

变成金钱的主人。

1974年春天，我在海军陆战队作最后一次飞行。飞翔在夏威夷那些壮观的海岛间的感觉，让我对离开海军陆战队变得依依不舍。我绝对热爱飞行，但是我知道，是该我离开的时候了。

那是1974年6月，我驾车驶离了基地，最后一次向大门口的卫兵还了礼，追寻我在火奴鲁鲁市中心的新生活去了。几天后，我将开始我在施乐公司的新生活。

MBA，不！

我的穷爸爸想让我去拿我的MBA学位，然后开始在公司里爬职业的梯子。但六个月后我就从 MBA 课程退了学。在飞行学校学习并又飞行了五年后，我已经忍受不了令人厌倦的传统教育。

我父亲非常失望，但是他理解我，知道我走到了人生的十字路口，知道我不准备踏着他的脚印走自己的人生之路，知道我不愿意在公司里爬梯子，知道我想成为一个企业家。

企业家的技能

我的富爸爸建议我去找一份推销员的工作。他说："一个企业家第一位的本事是他卖东西的能力。"他重复着说："销售＝收入。你想要更多的收入，就得卖掉更多的东西。"

当还没离开海军陆战队的时候，我就申请了入职施乐公司，因为这家公司的销售培训是美国最好的。从海军陆战队离职不久，我飞往了弗吉尼亚州的利兹堡，参加一个为期四周的销售培训。那真是一个令人难以置信的四周。

我在军事学校学习过，18 岁入伍。当我 1974 年 27 岁时离开军队，才最终返回真实的社会。

问题在于，尽管经过了最好的销售培训，我还是生活在挣扎状态。走在火奴鲁鲁的街道上，敲开一家又一家的门，经常话没几句，就吃到了闭门羹。我没有挣到任何钱，因为我没有卖出一件东西。我想打退堂鼓，但是我想起了富爸爸的话："失败是你在真实世界里才能学到的东西。在真实的世界里，你会一次次失败,直到你最后成功。"于是,我硬着头皮从一家家大门敲下去。

两年后,情况有了好转。我的身心都拥抱了推销员的座右铭:"当顾客说'不'时,推销开始了。"

起初,顾客的每一次"不"都会伤害到我。两年后,经历了数百次的"不",当再听到顾客们这么说的时候,我就立即变得兴奋起来。我知道了,每一次的"不"意味着我开始施展销售技能的时候了。尽管我那时非常害羞和惧怕别人的拒绝,但我还是学会了热爱推销,也学会了热爱拒绝。

正如富爸爸这样教育我和他的孩子:

当你们学会热爱你们所害怕的东西,你们的生活就改变了。

我已经学会了热爱由别人的拒绝而产生的恐惧,克服被拒绝的沮丧,把顾客的拒绝变成接受成了一场好玩的游戏。

这个工作也让我变浪漫了。在这以前,我对身边的女人总是有些畏惧,没有勇气表白。在学习飞行期间,对周围的女人来说我简直就是个懦夫。学习了热爱被拒绝后,我的胆量变大了。但是当我第一次看到金时,我的老毛病又犯了。她让我紧张得喘不了气。我几乎又回到旧时的状态,不敢跟她搭讪。

直到1984年,我才鼓起勇气约会她,但被她拒绝了。她话语礼貌,但显然对我没有兴趣。我破天荒地持续表白(不是很招人烦的方式),她拒绝了我六个月,最后才说"好吧"。从第一次约会后，我们的关系就持续下去，直到最终生活在一起。不久前，我们刚刚庆祝了30周年结婚纪念日。如果没有她，我走不到今天的状态。我知道她嫁给我不是为了钱，因为我们相遇的时候，我还没有钱，仅仅是一个小老板，在S和I象限里挣扎。

对企业家最好的训练

当初我在施乐公司找到工作后，富爸爸非常高兴。他说："每天，你都将走向真正的企业学校。每天，你都将学习成为一个更好的企业家。"

当我作为推销员走在街头的第二年，我明白了富爸爸的话是什么意思。每天，我的工作就是走进企业，学习他们的"纸流动"。我必须学习纸文件从企业的一个部门流向另一个部门。学习了"纸流动"，我能够对施乐机器做出更深刻的推荐。学习了"纸流动"，我对许多不同企业有了透彻的了解。

小企业老板

因为我是个推销新手，不被允许向大公司即B象限里的那些公司推销，仅仅可以向那些由小老板运营的、S象限里的小企业推销。与那些小企业老板打交道对我是一个非常宝贵的经历。我得出一个结论，所有小企业的老板都是疯狂的，尽管他们每个人的性格都不同。为这些老板工作的员工基本上是相同的，情绪平和而稳定。而企业家们却是紧张和狂乱的，离去精神病院差不了几步。他们的优势和劣势都显而易见。他们做不了一个好员工，他们太独立，以致没法把企业做大到跟 B 象限里的一样。我获得了很多关于人的印象，而人是一个企业最重要的组成部分。我认识到大多数小老板被困在 S 象限里的原因。

随着我的销售业绩（还有收入）的上升，我知道离我离开 E 象限的日子不远了。当公司宣布我成为销售业绩的第一名时，我向施乐公司递交了我的辞职信，离开 E 象限的时候到了。

1978 年，我离开了 E 象限。我在施乐公司的销售伙伴们为我举行了一个小型的欢送会。他们中不少人说："瞧吧，你早晚会因为失败而回来的。"他们以前见了不少像我这样走出去的施乐公司雇员，当时满怀信心地离开，但是遭遇失败后，又灰头土脸地回来。

我微笑着感谢他们四年来给我的友谊，并告诉他们："我知道我会经历失败，但是我绝不再回来了。"

象限转变

我在 E 象限内的最后一天也是我在 S 象限内的第一天，这一整天充满了快乐、怀疑、恐怖和兴奋。两年以后，我真的遭遇了失败。我是在最初的五年内遭遇失败的90%的企业家中的一员。我真的失去了一切。但是我真的没有返回施乐公司。深陷于 S 象限的地狱里，我想起一句格言是这样说的："如果你想走出地狱，那么你就坚持走下去。"这句话成了我的座右铭。

于是我坚持了下来。在几年间,我面对着这样的日子:早上睁开眼睛的时候,口袋里没有一分钱,但是员工的工资还得发呀!到了该吃晚饭的时候,我不仅把员工的工资发了,还把公司的账单也付清了。因为我学到了企业家的另一个生存本领——怎样迅速地弄到钱。

四个象限

前面我给大家看过这个图表:现金流象限。绝大多数人离开学校后就进入了E象限,他们中多数人一辈子也没有离开过E象限。

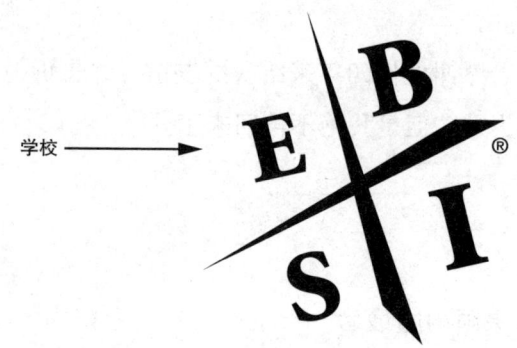

进入S象限的训练

一小部分人在学校里得到了进入S象限的培训,例如医学院培养的医生,法学院培养的律师,房地产学院培养的房地产代理人，或者是职业学院培养的电工或电子技师。拥有了某种职业教育传授的知识，能够帮助这些学生相对平稳地从E象限向S象限过渡。

如果没有职业教育的资格来托底，从E象限向S象限过渡的过程是非常困难的。例如，如果一个雇员辞去他的工作去开一家餐馆，他或她会在S象限里经历一段像地狱一样的时光。

现金流象限的右面

1980年初期的一段时间里，我终于在S象限里做得比较好了。我的制造公司为冲浪行业和摇滚乐行业制造了一些产品。摇滚乐队诸如警察乐队、杜兰杜兰乐队、平克·弗洛伊德和犹大牧师表演现场使用了我们生产的特许产品。这些产品随着MTV上了电视屏幕，把我们的企业从小推到了大。但我们也面临了新的问题。

一开始，是失败差点要了我的命。现在，是成功正在要我的命。我满足不了市场的需求。我立即想法筹款却总是缺钱。例如，我会筹款在4月份生产产品，然后，我会继续我的推销旅程，以卖掉我的企业生产的产品。我答应我的零售商顾客，会在10月份度假季节前把产品提供给他们。可是12月份来了又走了，我得等着直到来年4月份，零售商才会把销售款结算给我。把借款还给投资人后，我又得借钱准备生产下一个度假季的产品。正如我说的，成功正在要我的命。我发现我们的成功代价太昂贵了。

拜访富爸爸

在这样决定性的时刻,富爸爸就成了我的指导老师和教练。我在 S 象限做得很好,在 I 象限做得也不错,但是我还没有名扬天下。我总是缺钱。我讨厌贫穷。我讨厌员工打电话来告病假、要求加薪、要求更多的休息时间和福利待遇。我烦透了销售人员卖不出东西。我受不了零售商想要更低的价格、更多的折扣、更多的免费产品和更长的返款时间。我受够了政府的规定和政府的检查大员。

S象限地狱

我处于了 S 象限的地狱中。我挣了成千上万美元,但是成千上万美元溜掉得比进来得还快。

富爸爸是我的指导老师,我不定期地拜访他,一般都是我正经历着地狱煎熬的时候。那天晚上我坐在他的办公室里,告诉他我想放弃。我累了,事业并不成功。我想回去继续做飞行员。听说警察部门正在找寻从部队下来的飞行员为警察部门开飞机,开的工资不错,有很多休假时间和福利,并且将来享受政府的公务员退休待遇。这正是当初穷爸爸想要我走的路径。

富爸爸只是微笑着。他知道这一天会到来的。

他掏出黄色的笔记本,在上面画上现金流的象限,在每一个象限里分别写着这样的字:

理智

身体

情感

精神

规则

富爸爸开始解释:"我们都是人类,但却是不同的人。所有人类都有理智、身体、情感和精神。我们在理智、身体、情感和精神上的不同,让我们成为不同的人。"

大多数雇员离不开 E 象限的安稳,因为他们情感中的恐惧。他们的恐惧和对工作安稳的需要让他们甘愿待在 E 象限内,即使他们知道应该离开。

"我现在就困在 S 象限里,"我说,"我出不去了。"我问富爸爸,"这是您想得到的局面吗?"

"是的。"富爸爸带着微笑说,"你还没有掌控 S 象限。从各方面来说,S 象限都是最糟糕的。这就是 S 象限的规则。税收制度和政府的各种规定都对 S 象限里的小老板有害。"

"但是您不是说过,S 象限是最重要的象限吗?"

"是的。"富爸爸得意地笑着,"如果你还幸存着的话。"然后他问,"当你还是施乐公司的初级推销员的时候,你没有看到过小企业老板为生存而奋斗吗?"

"当然啦。天天都能看到。我现在就是这个状态。"

"永远记住,婴儿学走路,小孩学骑自行车,这就是每一个象限里都发生的事情。你在 E 象限里为施乐公司工作时学得不错。于是，你转到了 S 象限。如今，你是 S 象限里学骑自行车的小孩，车技还没达到可以去任何地方的程度。"

我琢磨着他的话，然后问他："我的理智、身体、情感和精神还没有在 S 象限里成熟吗？我还没有成长起来吗？"

"正确。"富爸爸说，"你做得不错，接近成熟了。但还存在一些过错。这些过错可能来自于智力上、心理上、情感上和精神上的某一种，也可能来自所有这些方面。"

他提醒我，生活就像学习打高尔夫球。"从理论上讲高尔夫是项非常简单的运动。这个游戏的百分之六十是赢在推杆上，而几乎每个人都能推杆击球。但在现实中，高尔夫是所有游戏中最困难的。这个游戏玩的是我们的理智、身体、情感和精神。干企业也是这样。你不干什么事都没有——所有的事都在'干'里边。"富爸爸如此说道。

我离开他的办公室时脑子里还是一团乱麻。我不明白……不明白自己不明白什么。在我脑子里，自己所做的都是正确的事。带着精神上的挣扎，我在一家中餐馆门口停住了脚步。当我正要离开时，女招待说了声"谢谢你"，并递给我一块幸运饼。掰开幸运饼，我抽出我的幸运纸条，上面写着：

你永远都可以退出，但为什么是现在？

第二天早晨，我把幸运纸条上的话记在了手机里——这样可以每天看到——然后回到了工作状态，打电话借款，灭火。就如格言所说的：

如果你想走出地狱，那么你就坚持走下去。

金钱的主人——他们所做的

几个月后，我高兴了些，感觉自己又像个人了。在我向富爸爸的请教中，我问他："什么时候才是这个游戏的结局？我怎么知道自己算一个成功的企业家了？"

他冲着我大笑了。从他的笑声中我知道他对我的这个问题非常高兴。长出了口气，他说："当你到达 I 象限的时候。"

"在 I 象限里会发生些什么？"我问道。

"你成为金钱的主人，而不再是金钱的奴隶了。"

"金钱的主人做些什么呢？"我问道。

"金钱的主人不需要用钱来挣钱。金钱的主人是炼金术士。他们把想法转化成钱。他们把想法转化到国际生意中。"富爸爸这样回道。

他接着又说："当一个人变成金钱的主人，他做的事就像我现在为你所做的事一样。"

"为我所做的事？"我问道。

"我不是在引导你某一天成为一个像我一样的金钱的主人吗？"

"我怎么知道自己什么时候变成了金钱的主人?"

"当你发展出了你自己的点石成金术,当你触及的任何东西都变成了金子……在今天的金钱世界中。"

"那我做什么?"

"那时你就做教育。做教育是你的责任,引导和开发其他人的能力变得像你一样。这个世界需要伟大的企业家。没有伟大的企业家,这个世界的经济就会开始走向崩溃……"

"但是在我从事教育前,我必须先能到达Ⅰ象限?"

"当然。我想你先进入Ⅰ象限会好些。这个世界充满了江湖骗子、错误的预言家,承诺教你致富,但他们自己都不富裕。别成为他们中的一员。从Ⅰ象限出发去做教育。"

富爸爸的教室

我9岁的时候第一次坐在富爸爸的教室里。他的办公室就是我们的教室。起初,他的办公室很小,位于夏威夷希洛镇他的第一家酒店后面。

当我30多岁的时候,富爸爸的办公室已经搬到了威基基海滩边靠近他酒店的办公楼里,那是一间宽大、豪华的办公室。而我也成熟了,能够听到他不可能在我太年轻时讲给我的事情。

"谁都想致富,但是大多数人走的是一条'轻松'的道路。他们不愿花时间学习和研究——尤其是关于债务、税务和幻象收入的问题,有人甚至宁愿做些傻乎乎的事情例如欺骗、撒谎和偷窃。商界和企业界里充满了这些人。他们花言巧语，说些根本不会去兑现的好话。他们曲解甚至破坏规则。然后却奇怪为什么他们的声誉和骗子、小人、牛皮大王、撒谎者、空谈者、瞎扯专家、梦想家、街头霸王、赌徒、色鬼、小偷联系在一起，或者是被评价为一个不被信任的人，一个说话不中听的人，一个靠性交易获得涨薪或提拔的人。本来靠点努力就可以到达 I 象限，他们却要付出相当高的代价。这个代价就是他们的灵魂。"

他把目光从办公桌移向我说："别成为他们中的一员。"

好的一面

富爸爸微笑着继续说："好的一面是，这些人将成为你最好的教师。他们将教你连自己都不知道的关于你自身的东西。他们会发现你的弱点，然后利用它。他们将让你认识到你性格的弱点、思维中的缺点以及你有多天真。他们会对你微笑，同时却顺走你的钱包。如果你想在真实的世界里做企业，这些人就是你最好的教师。"

富爸爸解释说，在 E、S 和 B 象限里都有富人，但他们都是为钱而工作的。而钱的主人是生活在 I 象限中的。他们是稀有的人，不需要钱，却能把钱无中生有地创造出来。

真正的主宰者是教师，就像武术中被称为师父那样的教师。然而，并非所有 I 象限中的人都是教师。有的人利用 I 象限统治世界。他们有收买和踢掉政治家的权力。他们能左右选举。他们制定规则。他们懂得黄金法则:"有黄金的人制定规则。"

"所以,您遵循I象限的规则?"我问他。

"是的。"富爸爸说道,"我遵循这个规则,但是我不必去做他们所做的事。我真的有灵魂。"

核心价值

富爸爸画了个图,解释在每一个象限内的不同人群的核心价值。

"为什么I象限中的某些人需要企业家?"我问道。

"因为我们都需要回馈——我们每一个人。在I象限中的人需要训练做企业的新手。我需要你,就像你需要我一样。这是马斯洛的需要层次理论。当你达到顶端,你需要回馈。如果我是个小偷的头儿,我也需要训练新来的小偷。"

"这就像过去的学徒制一样。"我说道。

"对,很准确。"富爸爸说道,"很不幸的是,如今这个古老的学徒制被政府的学校教育制度给替代了。而学校教育制度训练的是雇员,不是企业家。所以我们今天的经济会有麻烦。"

富爸爸关心地说道:"我的儿子是幸运的。我为他规划了不同象限之间的行程,并且精心地训练他。但你知道的,我没有给他任何财富。这也是为什么你们俩在我公司里打工没给你们一分钱的原因。我是一个富人,但是我是从一无所有做起的。我知道没有什么帮助比给孩子财富更糟糕。没有什么比让孩子一出生就感觉到与众不同的优越更能摧毁他。这就是为什么我对你们俩一视同仁的苦心。我不给你们俩工资,因为我希望你们俩变得谦卑。"

富爸爸还有更多要告诉我的:"谦卑给了你们能力,让你们在更大的世界环境中看到自己。我想要你们在我的企业中与那些领着最低的工资、干着最低水平工作的工人一起,了解从事着最卑微工作的这些人们。我要你们把他们当人而不是当作低薪的雇工看待。我们同属人类。所以我要你们和他们一起,做和他们一样的工作却不给分文。你和迈克与之一起工作的人是每一个企业都有的默默无闻的打工族,但他们是企业的发动机。是他们让企业的发动机运转。你作为一个企业家,一家企业的所有者,你的工作应该是为他们的。你最重要的工作是保护他们和他们的家庭不被这个严酷的世界伤害。"

深吸了一口气,富爸爸停顿下来,看我是否理解了他所讲的话。当确信我正专注地听着他的话,他又继续讲了下去:"太多像你一样有着 MBA 学位的年轻人，都是出生于中产阶级家庭。得到他们的硕士学位后，他们进入了一个企业的高层——管理层。但他们并不了解工作在底层的人有多好。许多管理层的人认为自己更聪明，更有智慧，要比底层的工人优越得多。许多人脱离了实际。许多人失去了内心中的谦卑。对他们来说，工人们仅仅是个数字，是可以招之即来、挥之即去的人类。他们认识不到生活中的事物是互相依存的，谁也不是谁的奴隶。"

他总结说："MBA 学生被训练成依靠数字、电子数据表和季度报表来实行领导的人。他们不知道，仁慈是一个领导者最伟大的品质。他们忘了，对人的态度并非无关宏旨的琐细小事，对人的尊重就是一切！他们努力工作，希望有一天能加入 I 象限里少数人的行列，但是没有几个人能做得到。不经过 S 和 E 象限就直接进入 I 象限，几乎是不可能的。你不可能教人们你不知道而许多人却知道的知识。"

富人的孩子

富爸爸对富人家的孩子很有看法："许多在 I 象限里的人是生活优渥的孩子。他们成长在 I 象限里的富裕环境中，拥有家族多代人积攒下的财富。他们的祖上为他们挣下了家业。他们上学进的是昂贵和豪华的私立小学和中学，只了解和他们一样锦衣玉食的同龄人。他们中许多人就读的大学是世界上教学质量最好、最有名气的大学。大学毕业后，他们的父母为他们在世界著名的大公司或银行的管理层找到职位，而他们自己则准备着某一天自己运营一家公司。他们的起步不会是一无所有的，用不着学习怎样面对捉襟见肘的局面，用不着去了解世界上其他阶层的真实人生。经营一个什么都缺乏的企业是一种能力，这种能力让一个人成为金钱的主人。如果你出生于一个富人之家，你可能就不会拥有这种能力。他们虽然富有和聪明，但是和真实的世界脱节。他们虽然是制定规则的一群人，但是只会让富人更富，穷人和中产阶级更穷。"

测试我的谦卑

"您这是在决定教我之前测试我的谦卑吗？"我问富爸爸。

富爸爸点点头。

"您那时要我和迈克免费做工作，如捡捡烟蒂什么的，都是在决定是否教育我们之前考察我们？"

富爸爸点着头说："当你们表现出愿意带着谦卑的态度学习时，我就愿意把我知道的教给你们。如果当时你们说'为什么要我们免费捡这些烟蒂'，我就不会浪费我的宝贵时间教你们。毕竟比起教两个小屁孩怎样成为富人，我还有很多更重要的事情要做。"

当我要离开他的办公室时，富爸爸要求我："如果你进入了 I 象限内，我要你答应我，你会把我教你的东西教给别人。如果你这么做了，你才会变成一个真正的金钱的主人。"我都准备转身了，他还加上一句："如果你教……那么你、我，我们能够从 I 象限里改造这个世界！"

好消息

如今，由于全球的经济危机，电视里出现了很多阐述一个真正的 I 象限里的人做什么的节目。CNBC，即国际财经电视频道推出了一些节目，例如《鲨鱼坦克》和《利益》。我喜欢这些节目。《鲨鱼坦克》和《利益》节目做的内容就是：真正的 I 象限里的人做什么？他们开展教育，有时候为企业筹集经费，与未来的企业家开展合作。

如果你曾经看过那些节目，你可能注意到了让"鲨鱼"们疯狂的一件事。当一条"鲨鱼"问一个未来的企业家："你寻求的资金准备用来做什么？"他答道："我会用来最终发自己一份工资。""鲨鱼"们通过了。

当这个未来的企业家说："我一直在挨家挨户地敲门推销我的产品。我已经卖出了超过 100 万美元的产品，现在正在寻求指导，以把我的生意推向下一个水准。""鲨鱼"们如马克·库班[1]和芭芭拉·柯克兰[2]跳起来叫道："你就是我正在找的那类人！"

---

[1] 美国职业篮球赛小牛队老板。——译者注
[2] 美国纽约住宅经纪公司柯克兰集团创始人。——译者注

1983年……

到 1983 年，我的摇滚产品企业做起来了，运转良好。收入的钱多于支出的钱。企业终于稳定了。我内心有个声音在对自己说：是时候了，又该动一动了。

就在那年，巴克敏斯特·富勒博士在7月1日去世了。几个月以后，他的书《巨头之现金抢劫》出版了。当读完这本书，我知道是该变一变的时候了。1984 年，我卖掉了自己的企业，决定变成一个教育领域的企业家。就在那一年，我遇见了全世界最美的女人金。12 月份，我们牵手并共同迈出了信仰的步子——又一次一无所有，又一次学着走进 S 象限里的新开始。这一举动考验着我们的理智、身体、情感和精神。

我和金遵循着富勒博士传递给我们的课程："我工作不是为自己。我工作是为了每一个人。"那就是我们重新出发所要做的事。

有一个短暂的时期，我和金无家可归。我们的精神和信仰都经受着考验。又一次，我更好地理解了为什么富爸爸不给我和他的儿子开工资。就像真正的企业家一样，我和金没有因为钱的缺乏而停下步子。

我们遭遇了一些可怕的人，他们利用我们和我们的处境。今天，他们仍然是我们最大的教员。我们从他人和自己身上学到了很多。

我们在世界各地遇到了最伟大的人，也遇到了我们再也不想见的人——毕竟工作的安全性是生活需要优先考虑的。

到 1994 年，我和金奋斗进了 I 象限。从房地产投资产生的被动收入中，我们每个月有 1 万美元的收益，而我们每月只有 3,000 美元的开销，其中包括了个人贷款的返还款。我们自由了。我们掌握了债务、税务和幻象收入的做法。我们不再需要挣钱了。我们能够无中生有地创造出新的财富。那时金 37 岁，我 47 岁。我们在斐济海龟岛上庆祝了整整一周。

1996 年，为了兑现我们对已经故去的富爸爸的承诺，我和金制作了《富爸爸现金流》棋盘游戏。

1997 年，《富爸爸穷爸爸》出版了。同一年，富爸爸公司成立了。我们在 B 象限里开始了我们的教学活动，那时我们已经跳出了 S 象限。如今，我们的教育产品已经走向了全世界。

2000 年，《富爸爸穷爸爸》上了《纽约时报》的畅销书榜，这是该榜中唯一一本由自己出版的书籍。也就是在这年，我成为奥普拉·温弗莉节目的嘉宾，并从这个节目的影响力感受到奥普拉的魅力。我的世界一夜之间被改变了。

2004 年 2 月 1 日，《纽约时报》刊文介绍了我们的现金流游戏。文章是这样开头的：

挪开，大富翁……
一个全新的、教人怎样致富的棋盘游戏正在世界范围内拥有更多的粉丝！

我信守了对富爸爸的承诺。如今，世界各国的许多大城市和边远的乡村里，有上千的教师们正在用不同的语言把当初富爸爸教给我的知识传授给成千上万的人们。人们还通过玩《富爸爸现金流》游戏、阅读《富爸爸穷爸爸》这本书进行学习。

正如富爸爸所说："你、我，我们可以从I象限改造世界。"

如今，作为I象限里的企业家，我和金投资于别的企业家。我们不投股票市场，而是投资于S象限里那些正往B象限奋斗的企业家们。

S象限里的企业家的问题，是他们只能创造些低薪的工作岗位。例如，一个医生雇佣了低薪的雇员。而一个在B象限里的企业家却能创造高薪岗位给CEO（首席执行官）、CFO（首席财务官）、CIO（首席信息官）和董事长。当我们和政府在企业里合作，做政府要我们做的事，创造高薪的工作岗位，为低收入工人提供住房，开发能源等时，政府就成了我们的合作伙伴，向我们提供税收优惠。

这就是为什么I象限里的人是金钱的主人的原因。

象限转移旅途中的食粮

如果你正在考虑要离开你的工作，开一家自己的企业，或者你已经离开了你的岗位，正从一个象限转移到另一个象限，我向你强烈推荐两本书：

哈尔·埃尔罗德著的《魔法早晨》(*Miracle Morning*)

迈克·辛格著的《无拘无束的灵魂》(*The Untethered Soul*)

要是当初我在穿越 S 象限时读过这两本书就好了！这两本书虽然讲的是人的精神，但无关宗教。这两本书教我做事时不要情绪化，让我的精神更加强大，指引着我前行。

我把这两本书读了两遍，学到了很多关于自己精神世界的道理。我和金用了很多个上午逐章讨论书中的内容。我和我的顾问们用了三天的时间学习研讨，深度理解这两本书的精神实质。因为我们觉得这两本书太重要了，尤其是对企业家而言。

我们都听说过"企业家精神"。我认为"企业家精神"就意味着对于一个企业家而言，一种精神比职业要求更重要。

第十二章
你有一个 B 计划吗？

穷爸爸：

我期待着退休。

富爸爸：

我很早以前就退休了。

我的穷爸爸有一个伟大的 A 计划。他是个学术天才，热爱学校里的工作，在学校里干得很好。他的 A 计划就是成为一个教师，为夏威夷教育部门工作到退休。

不幸的是，他跑去参加副州长的竞选。作为一个共和党人，他的行为得罪了他的老板——民主党人的夏威夷州州长。于是，当他的选举失败后，他的 A 计划也行不通了。而我的穷爸爸并没有一个 B 计划。

一个新的B计划

在 50 岁的年龄里失去了工作，穷爸爸的 B 计划是成为一个小企业的老板。把自己一生积攒的钱取出来，再加上一些政府发放的退休金，他买下了一家号称"只赚不赔"的全国冰激凌连锁店的特许经营权。但是，他赔了。

他是 E 象限里的一个成功人士，但是缺乏 S 象限里所需要的技能和心态。他其实根本不懂怎样像一个企业家一样挣钱。

为即将到来的经济危机做好准备

如今，世界上所有在婴儿潮时期出生的人正面临着同我父亲一样的窘境。经济危机将在他们退休期间发生。好消息是他们中的大多数人会比他们的父辈们活得更长久，坏消息是他们将在其生命存续期间花光他们的钱。

这就是为什么1978 年创立的 401（K）退休计划意义重大的原因。401（K）退休计划改变了退休雇员和其企业之间的责任关系。如果退休雇员在经济危机中花光了自己的钱或者做生意亏了，原企业不再承担责任向他们发放救济。所以，从 1978 年开始，成千上万的婴儿潮一代变成了被动投资者。但是他们却没有受过任何财商教育。

情况变得更糟的是……

但是，等等，情况正在变得比这还糟。如今的消极利率、印刷钞票，以及股票市场的泡沫，显示出许多被管理的退休基金正陷于严重的麻烦中。

这里有必要重复一下菲利普·哈斯拉姆在他写津巴布韦经济危机的一本书《当金融摧毁了国家》中的一段话：

> 我父亲的一个朋友是一家律师事务所的合伙人，在那里工作了50年。在整个那段时期，他把自己用于退休的终生积蓄投到了Old Mutual（以雇员为对象的投资项目）公司。由于恶性通货膨胀，他的退休存款大幅缩水。他接到了这家公司的信，他的全部退休存款已经不足以支付他每月的利息收入，所以，他们全额退回了他的退休存款。用这笔钱——他终生的存款——他买了一个盛装燃料的油罐。

问：你是说每个人都应该有个B计划？
答：是的，尤其是在当今。当大多数人失掉了他们在E象限内的工作，最简单的做法就是在E象限内寻找其他工作。如果没有接受过财商教育，很少人能转换他们的象限。

1973年的时候，我的A计划非常扎实。当时才20多岁，拥有大学毕业的文凭和两个高薪职业资格：军舰上的军官和飞行员。我可以转业去标准石油公司开油轮，或者像我的许多海军陆战队同事所做的那样,去做航班飞行员。

然而穷爸爸的被解雇沉重地打击了我。我怀疑我看见的未来并不是我父亲一代——二战后的一代人的,而是我这一代——参加过越战的这代人的。

我没有按照 A 计划行事——去开油船或者飞航班,而是转换到 B 计划,沿着富爸爸的脚印走下去。在 25 岁的时候,我的 B 计划就是变成 S 象限内的一个企业家,同时,是 I 象限内的职业投资人。我的目标是在还不算老的时候就退休,从此不再需要领工资。

金降落伞

大多数上市公司的 CEO 们是有 B 计划的。这个计划被叫作"金降落伞"。在雇佣谈判中,B 计划和 A 计划同等重要。如果 CEO 的业绩做得不好,他们只需要简单地拉开 B 计划中的降落伞的伞绳。当离开公司的时候,他们通常已经非常有钱。

不幸的是,由于 CEO 的工作业绩很差,雇员们失去了他们的工作,而这些人可没有金降落伞,能得到六个月的工资福利就是幸运的了。

华尔街告诉你世界经济正在走强甚至比以前更强。然而,2016 年 8 月,思科公司将解雇 1.4 万人——一个创纪录的数字,这个数字代表了其全球雇员的 20%。这些数字不只是 1.4 万雇员个体,而是 1.4 万个家庭将因此而受到影响。我不知道这些家庭中有多少是有 B 计划的。

对成千上万不管是年轻还是年老的人来说，他们的 B 计划就是回到学校去。

"我毁了我的生活"

2016 年《消费者报告》的封面发出了刺耳的声音："上大学毁了我的生活。"这篇文章是关于学生贷款是怎样毁掉成千上万人们生活的调查报告。由于相信童话里的"优质教育"，成千上万的人们贷款上学，然而当他们毕业时，却找不到传说中就业的天堂。讽刺的是，离开学校的这些人中，很少乃至没人想到学学财商。

如今，4,200 万美国人欠下了大约 1.3 万亿美元的学生贷款债务。根据美国政府决算办公室（GAO）的统计，学生贷款债务的利息成了联邦政府最大的资产之一。学生贷款债务使政府部门成了美国最大的银行。

《消费者报告》写道：

作为行业最大的游说胜利之一，除了极个别的情况外，今后学生贷款不再因个人破产而被免除。

大多数学生和他们的父母都是财商盲，弄不懂"不再因个人破产而被免除"意味着什么。如果什么人要我去签这样一份合同，我会把它扔还给对方并质问他："你当我是傻子呀？"

由于不能因个人财务情况破产而被免除，学生贷款的债务比其他各类债务都要严重：比信用卡借款、抵押借款和商业借款还严重。对成千上万的学生来说，其贷款债务不被赦免，他们绝不可能有机会重新开始他们的人生。所以，《消费者报告》封面引述了一个学生的话，"上大学毁掉了我的生活"。世界各地千百万学生正在毁掉他们的生活，不仅是因为债务，而且因为他们是财商盲。

教育的腐败

对当今的许多学生来说，优质教育的代价太高，教育投资的回报太低。如今，成千上万有老有少的学生离开学校的时候都深陷债务，却找不到神秘的高薪工作。

喜欢也罢，不喜欢也罢，生活总是要花钱的。然而我们却不教学生一点财商常识。甚至当他们从学校毕业，其中许多人虽然有了更高的学位，却仍然是个财商盲。我曾经千百次地问自己：为什么是这样的？

小红帽

在《小红帽》的故事中，大灰狼跑到了小姑娘前面，到了她外婆的家，吃掉了外婆，然后换上了她的衣裳，等待着小红帽的到来。这就是当今金融服务业和教育行业对学生们所做的事情。

当小红帽对大灰狼说："你的牙齿好长呀！为什么学费那么

高？"大灰狼回答道："接受了优质教育你将找到一个高薪的工作。所以，别担心教育成本了，快签了这份学生贷款协议，你就成为这个学校的学生了。"

除了极少数例外的情况，学生贷款是不能被赦免的。这是银行最喜欢的一类贷款，因为即使是贷款人财务破产，债务仍然不能免除。当学生还不清银行的贷款，他就将终身成为银行的客户。

站在学生贷款后面的是谁？

你不必吃惊。在学生贷款债务危机后面的和给世界带来次贷危机的同样都是银行。

银行巨头，如花旗银行和高盛集团，通过私人抵押资产净值公司，正在投资于讨债公司。这个公司的唯一目的就是从学生和他们的家长那里每月讨回欠债。学生们不能清偿债务的时间越长，银行挣的钱就越多。

学生贷款危机是金融化和盗贼统治的又一个例子。如果没有盗贼统治，金融化是不可能发生的。

电影《大空头》描写的就是金融化和盗贼统治的情况。如今，带给你大空头的另一个盗贼统治和金融化的行业就是教育行业。

这就是为什么《消费者报告》中作如此陈述：

如今，几乎人人都卷入了学生贷款行业，以大挣学生的钱——有银行、私人投资人，甚至有联邦政府。

简而言之，上大学不一定对学生们有利，但是学生贷款一定是非常非常有利于盗贼统治的。

教育不值那么高的学费

《消费者报告》还说，学生贷款者中45%的人认为："上大学不值那么高的学费。"

《悉尼先驱晨报》2016年8月1日刊文说，澳大利亚大学留下了许多毕业生"破碎的梦和一大笔学生债务"。这篇文章还写道："学生们被视为可以挤出金钱的奶牛。"

公平地说，如果一个学生付得起学费，他应该去上大学。因为教育是极其重要的。然而，如果长期的教育成本过高，而大学教育的回报率又那么低，那学生和家长们就要好好盘算一下他们的选择了。

我认识两个学医学的博士生。他们在大学期间欠下了很多钱，后来还清了贷款，是因为他们读了博士以后又继续就读职业教育，最终才找到一个高薪的工作。

挣扎中的学生

处于挣扎状态的是那些仅有一个大学文凭，却没有职业证书的学生。这些学生通常是学美术、音乐或者普通科学类的。现在，很多高校毕业生工作的岗位其实根本不需要大学文凭。

如今，人们非常推崇就读一个中等职业学校，然后变成一个电工、修理工，或者是按摩师，比到大学挣个文凭强。

遭遇最糟的是这类学生：他们欠下了学费贷款，后来却又因种种原因被学校除名的人。

向毕业生征税

为了筹集更多的教育经费，英格兰、爱尔兰和南非有了个让人绝望的新做法：向毕业生征税。这个税收政策迫使大学毕业生支付甚至超过他们学费的钱，还美其名曰是为了将来的学生。这样一来毕业生们即使没有在学费上贷款，也仍然需要向教育交税了。

但是等等……情况还在变得更糟

在美国，公共教育是由房地产税收来资助的。由于教师工会养老基金管理不善，许多城市没法向退休教师支付养老金，迫使这些城市如芝加哥提高了房产税收。换句话说，房产所有人已经为正在工作的教师工资缴了税，现在又要为退休教师的养老金承担更多的税金了。

物价下降

许多生活用品的花销正在下降,例如汽油、服装、银行利率和电子产品……然而学费却在持续上涨。教育成本的升高是富人和穷人间鸿沟变宽的另一个原因。对纳税人、家长和学生来说,教育让生活开支越来越高。讽刺的是,钱——这个在学校里根本都不教的东西,正在我们所有人的生活中扮演着越来越重要的角色。我们最大的开销是,世界在受过很高教育但却是财商盲的领袖领导下运转。

我的B计划

如我前面讲过的,我曾经有个很牢靠的A计划。作为一个飞行员和舰艇上的军官,我本来能够在E象限内干得很好。如果不是我的穷爸爸的A计划失败了,我是不会重新考虑我的人生计划的。

我的B计划开始于真正的财商教育。当签订了为期三天、收费385美元、我此后经常回顾的房地产投资课程后,我的B计划就开始了。那天,我完成了90天的寻找100处房产的作业,写下了最后一页纸的评估报告,我就真的上路了。我知道自己早晚会有一天进入I象限内。

我不喜欢中学生活。对我来说,待在中学里枯燥无聊。我对自己认为重要的学科学习专心,但是大部分学科我毫无兴趣。当我到了纽约读书的时候,学校变得对我来说有意思了。我喜欢在海上航行。所以当到了海军飞行学院，我像进了天堂一样。每天上午我们在教室里学习，下午就练习飞行。飞行学院是我喜欢的那类学校。这里的学习是通过实践进行的。这是一种行动的学习而不光是理论，是真正的教育。

转化的教育

我们都知道毛毛虫的爬行是其生命的第一阶段。然后，它织就了一个茧，并在随后摆脱那只茧壳。它生命的第二阶段，就是变成一只蝴蝶。这就是我们知道的蜕变，一个转移。蜕变意味着在外形、特性、条件或功能上的标志性改变。我相信绝大多数人都会同意，从一只毛毛虫身上怎么也看不出它日后会变成一只蝴蝶。如果你观察了一只毛毛虫你也会说："这只虫子绝不可能飞起来！"

变成一只蝴蝶

这就是我在飞行学院的情况。也是我签了为期三天房地产课程那天的情况。那天走进教室时，我觉得自己正在变成一只蝴蝶。我找到了我的学科和教室。我找到了我的茧。

三年后我离开了飞行学院，成了一个参加战斗的飞行员，准备在世界上充满敌意的环境——战场中飞行。在越南战场上，我的飞机坠毁过三次，所幸我的机组和我都幸存了下来，全都活着返回来了。

我离开了真正的财商教育课堂，准备投入另一个充满敌意的环境——金钱的战场。每一次市场垮塌，我和我的团队都做得比幸存更好——成了富人。

真正的财商教育

为期三天的房地产课程当然不是我的最后一次学习。我和金经常参加研讨班。我们在一起学到了更多。这个过程让我们的婚姻关系更加牢固。每一次研讨会后，我们都有很多话要说。一些人的婚姻在岁月中分崩离析，我们的婚姻却历久弥坚。

我和我的顾问团队经常在一起，其中用于共同学习的聚会，一年至少有两次。三天的学习就是我们的茧壳。我们一起学习书籍，因为书籍就是最好的老师。我们学的书籍既有关于企业的，也有关于精神层面的。如我早前提到过的，我们学习了《魔法早晨》和《无拘无束的灵魂》，都是关于人的精神力量的。永远记住，它被称作"企业家精神"，而不是工作。

还要记住的是，当一个家长对孩子说"到学校去好好念书，将来才能找个好工作"时，他们实际上是计划好了要让孩子待在E象限内。像我的穷爸爸这样的人就是深陷于E象限内。当他试图转移到S象限时，他发现自己还是一个E象限内的人。他没有奢侈的时间，容得他在E象限向S象限的过程中去改变自己。

所有的人类都是非常不一样的人。这个区别显示在现金流的象限内。每一个象限都由下列这些不同的智力组成：

精神智力
身体智力
情感智力
心灵智力

不同的象限有不同的规则

我的穷爸爸有学校教师的精神智力,但是却没有企业家的。他不会讲企业的或者是财商的语言。

他有雇员的身体智力,小心翼翼地避免犯错误。

他的情感智力是基于恐惧——害怕失败,害怕失去工作、稳定的工资收入和政府的退休保障。

他的心灵智力被堵塞了。他的恐惧和怀疑减少了信念和信任的心灵智力。

从 E 象限向 S 象限的过渡,是一个转移的过程,一个蜕变的过程,就像一只毛毛虫变成一只蝴蝶的过程。这个过程中会有疼痛,甚至是伴随整个过程的疼痛。转变中的人会受到挑战。这个过程中的每一个挑战都是非常重要的。这是个很耗费时间的过程。它需要心灵的、精神的、情感的和身体的智力。

最主要的智力

最主要的智力是身体智力——人们从行动中学到东西,我们总是在做些什么事情(我们经常做些对我们自己未必有利的事情)。

让我问你几个问题：你是否有过人坐在教室里，但是心却早飞了的情况？你的身心没有在做同样一件事。

当你在读一本书的时候，有没有过注意力开小差的情况？你有没有发现过当你对某人说话的时候，他却没有听你讲话？

我热爱飞行学校的原因，是我们上午上课，下午飞行实习。当我全身心投入在座舱里的时候，我的身体智力接管了指挥。它命令其他所有智力投入注意力。这是生死时刻。

玩《大富翁》游戏

我真正的财商教育是从 9 岁开始的。富爸爸、他的儿子和我一起玩《大富翁》游戏。富爸爸会给我们讲解每挪一步的财商教育意义。玩完后，他会带我们去他现实世界中的"绿色房子"，为我们进一步解释那个游戏后面包含的理论课程。

我的真实财商教育非常像飞行学校——知识学习、飞行实践。在学术的教育中，最重要的智力是精神和情感智力——记住，然后害怕犯错误。

在现实的世界中，身体智力变成了主要智力。身体智力把我从一只毛毛虫转换成了一只蝴蝶，从一个穷人转换成了一个富人。

学习金字塔

"学习金字塔"是教育心理学家埃德加·戴尔在1969年开发的。

学习金字塔		
两周后我们还能记住多少		参与程度
说过和做过的还能记住90%	实战	主动
	模拟	
	做一次令人印象深刻的报告	
说过的还能记住70%	发表一次演讲	
	参与讨论	
听过和看过的还能记住50%	现场观摩	被动
	观看演示	
	看展览、观看演示	
	看视频	
看过的还能记住30%	看图片	
听过的还能记住20%	听演讲	
读过的还能记住10%	阅读	

资源来源：改编自戴尔的学习金字塔（1969）

戴尔教授把阅读和听演讲放在学习金字塔的底部。在其顶部是模拟和实战。

我之所以在富爸爸的教学中做得不错的基本原因，是富爸爸在教学时运用了模拟的方法——通过《大富翁》游戏——实战——参观他现实的"绿色房子",以及懂得了它们在通往他红色酒店的路上所扮演的角色。

我和我的机组在越南战场上三次飞机坠毁中都能够幸存的原因,是在飞行学院时,我们每天都要在模拟实战的情况下演习,其中也包括飞机坠毁。

在真正的财商教育中,最重要的词语是"实践"。"实践"在学习金字塔中,是从上往下的第二层。这个词,是真实事物的模拟。

一个真实的B计划

一个真实的B计划必须包括学习和实践。例如,在买我的第一处房产前,我模拟着找寻了房产100次。

在三年的时间里,我参加了关于投资股票的许多课程。在做"真实的事"前,我虚拟交易了三年。如今,我喜欢股票市场的萧条。

在今天这样一个不稳定的世界经济里,我向每一个人建议要有一个B计划,尤其是要为退休做好财务上的准备。如前所述,"邻家的百万富翁"可能是下一个受经济危机冲击的群体。那些还在储蓄或者在股市里建立账户的人、投资于传统养老金计划的人,正走在金融危机的边缘上。

现今,社会保障和医疗保障是单笔最大的、未备足资金和失衡的美国政府债单。据估计这个数字在100万亿美元到250

万亿美元之间。它对婴儿潮一代的救济会有什么变化吗?

看到我的穷爸爸在经济困境中挣扎,我得到了一个很大的教训。穷爸爸的遭遇激励我立即为自己的 B 计划而行动起来。我的 B 计划让我在自己很早的时候,47 岁,就可以过上退休的生活了。

五年计划

我的朋友和导师亚历山大·埃尔德博士在他所著的畅销书《以交易为生》(*Trading for a Living*)中说:"花了五年时间和五万美元学到了怎样做一个职业的交易人。"

我同意他所说的。我成为一个职业的房地产投资人也花了五年时间。不同的在于,我没有花五万美元作学费。学习成为一个真正的房地产职业投资人意味着学习利用债务、税务和幻象收入,而不是用传统的金钱。

现实世界的教育需要:

- 学习的愿望
- 聪明地选择你的老师

例如,关心谁是教你们金融课的老师。你不会愿意一个在 E 象限内的人来教你关于 I 象限内的事情的。

- 实践

实践是最重要的词。记住这点:

职业足球运动员每天都要练习，每周要练五天。在成为一个摇滚明星前，音乐家们要排演多年。医生和律师们把他们的工作叫作"操作"，在你我身上操作。

实践是一个环境，在这个环境的平台上，我们或做对事或做错事。越重要的课程，你越应该实践。例如，我走得离越南战场越近，我和我的机组成员得到的真实经验就越多。

记牢了：身体智力是最主要的智力。当你开始做某事的时候，其他智力就转为次要的了。

教育的最大错误

正如我们在第一部分中说到的：错误让富人更富。为什么这么多的人在财务中挣扎？因为他们害怕犯错误。他们不是去学习和实践，而是拿着自己的钱跑银行，跑华尔街，存钱或在股票市场做长线投资。然后很惶惑，为什么自己还要为钱的事而担忧。"邻家的百万富翁"们不是去研究和尝试，而是担心、抱怨和祈祷市场不要破产。这可不是明智的 B 计划。

我和金能够早早地过上自由自在的生活，是因为我们有一个 B 计划。B 计划的一个目的是增强你的精神、身体、情感和心灵智力，这样你就能变换你的象限了。

在结束本章前，我留下一个问题：你的 B 计划是什么？

第十三章
怎样结束贫穷：学生教学生

穷爸爸：
授人以鱼。

富爸爸：
授人以渔。

《新闻周刊》在 2016 年 9 月 2 日发表了一篇封面故事。其中写道：

在贫困中长大的你不仅要改变你看世界的方式，还要转变你的脑子。

这篇文章大量引用了对穷孩子大脑的研究数据。一些研究走得更远，使用了核磁共振来量化和比较穷人家孩子和富人家孩子的大脑大小。

2015年，一个研究项目发表在《自然神经系统科学》杂志上。这项研究，观察了 1,099 位年龄从 3—20 岁的人。发现低收入家庭的孩子大脑表面区域小于那些年收入 15 万美元或更多的富裕家庭的孩子。

多数研究人员的结论是，还不只是缺钱的问题，成长在一个犯罪、暴力、黑帮、性关系混乱和单亲的家庭环境中才是真正的问题。长期生活在恐惧、物质困乏和财务紧张的条件下，会妨碍大脑的发育。

这项研究显示，哪怕邻里区域存在着暴力现象，如果父母能在家中提供一个安全的养育环境，孩子的大脑也会有更多的机会发育成正常的大脑。

《新闻周刊》的文章这样叙述道：

对那些生活在不安全的、破烂楼房里的少数族裔的歧视，教师暗含的种族偏见，营养不良和在贫穷社区里得不到资助的学校上学，这些因素都会阻碍孩子大脑的正常发育。

一些好消息

《新闻周刊》的文章还叙述到大脑的情况可以改变。穷苦的童年经历造成的脑损伤能够被逆转。这篇文章是这样说的：

神经的可塑性——它修复自身结构的能力——在出生后到

幼儿时期最高，随着时间消逝而变弱，但绝不会变成零。

在15—30岁期间，大脑神经的可塑性第二次增强。这意味着青少年和年轻的成人经过指导和实践，可以为改变做好准备。

男孩女孩俱乐部

2000年年初，在我们的企业家培训教学中，一群年轻学生组成了一支队伍。他们决定"传播所学"，把他们所学到的东西转化成行动。他们去了南凤凰城的"男孩女孩俱乐部"，一个匪盗出没的社区，去教当地的学生和他们的父母学习企业家课程。这些课程是我教给他们的。

这个俱乐部带有围墙，以防止老家伙们进入。上年龄的人只被招聘来寻找未来的推销员、皮条客和妓女。在这样的环境里成长，真是让人感到恐怖。男孩女孩俱乐部提供了一个安全的天堂，即使是区区几个小时的安全。

在两个月的时间里，我的学生们开设了企业家精神和投资课程，并把《富爸爸现金流》游戏作为他们培训计划的中心。他们的学生是些12—18岁的年轻孩子，以及他们的父母。

他们教学的效果是显而易见的。正如《新闻周刊》的文章所说，15—30岁之间，大脑的可塑性增强，接受新领域的东西很快。当一个被人们称作"认知困难"的15岁少年突然焕发了精神，每个人都吃惊不已。他过去对所读的东西理解不了，但是玩了《富爸爸现金流》游戏后，完全是不同的效果。智慧的灯光在他大脑里点亮了！他玩这个游戏停不下来了，能够阅读卡片了，能做数学题了。他理解了"资产"和"负债"的不同。他每天跑着来俱乐部听课，玩《富爸爸现金流》游戏。这是一个暗示：身体智力是最主要的智力。过去他连对"读一本书"这样的话都不会有反应，所以被人们认为有"认知障碍"。玩棋盘游戏需要他学习阅读、计算的能力，并且理解金融词汇，用铅笔做计算，移动他的游戏块，以及和其他玩伴的互动。当这个孩子每次玩《富爸爸现金流》游戏时，他的全部智力都得到了调动。

许多家长尝试了自我象限转移。他们组成了一个俱乐部并开始投资银元。最后，这个家长—学生俱乐部得到了男孩女孩俱乐部的许可，买了一台自动售货机。不幸的是，这台机器卖的是软饮料——而这群人不需要摄入更多的糖。除了这个，企业课程还是很重要的。这群人在俱乐部里分享自己的受益情况。

两个月的教学改变了家长、学生们，以及当地学校的教员。他们尝试着从 E 象限向 S 象限（例如买售货机）甚至 I 象限（例如他们投资于银元的个人行动）移动。家长 - 学生俱乐部的成员们复制了《富爸爸现金流》游戏中的财务报表，并填上了自己的"真实数字"。学习的过程遵循了"学习金字塔"的要求，从模拟状态过渡到现实应用。

| 职业 | 玩家 |

目标：构建起高于支出的被动收入，获得正向现金流，从而跳出老鼠跑轮的循环，进入快车道。

利润表

收入

	折旧	现金流
工资：		
利息/分红：		
房地产/公司：		

稽核员

（右侧的人）

被动收入：_____ 美元
（来自利息、分红、房地产投资及运营公司的所得）

总收入：_____ 美元

支出

税：	
自用住宅按揭款：	
助学贷款按揭款：	
购车贷款按揭款：	
信用卡还款：	
日常消费：	
其他负债还款：	
子女相关支出：	
偿还贷款：	

子女数量：_____
（游戏之初数量为0）
单个子女开销：_____ 美元

总收入：_____ 美元

月度现金流：_____ 美元
（收入−支出）

资产负债表

资产

银行存款：		
股票/债权：	份（股）数	价值
房地产/公司：	首付款	价值

负债

房屋按揭贷款：	
助学贷款：	
购车贷款：	
信用卡还款：	
消费贷款：	
房地产/公司：	抵押/负债
贷款：	

©1996-2010现金流®科技公司版权所有。现金流®游戏中的专利包括：美国商标局5 826 878号、6 032 957号及6 106 300号。富爸爸®、现金流®及投资101®均为现金流®科技公司所有的商标。

当家长和学生们意识到他们过去不是在关心资产和负债，而是仅仅把注意力放在收入和支出上时，他们开始了心贴心的讨论。我能感觉得到他们的转变正在走向这样的范围——精神

267

的、身体的、情感的和心灵的——不论是家长还是学生。

南非圣·安德鲁斯学院

2015年,我和金以及她的三个女伴到南非格雷厄姆斯敦,参加当地有180年历史的全国艺术节。

我无法描绘格雷厄姆斯敦的美丽和艺术节的神奇。我最好的形容是格雷厄姆斯敦和艺术节就像是比阿特丽斯·波特[①]和哈利·波特之间的交叉。我想我是回到了这样一个时代,一个生活平静、田园牧歌式的不可思议的时代。

格雷厄姆斯敦是一个充满了学术气息的小城,只有大约7万居民。它是罗德斯大学所在地,自从塞西尔·罗德斯[②]建立了罗德斯奖学金后,大学就以他的名字命名。

格雷厄姆斯敦还是圣·安德鲁斯学院的所在地。这是一所只收男孩子的圣公会国际学校,建立于1855年。如今,这里成了全寄宿学校,有来自世界各地的480名中学生年龄的男孩。它的姊妹校是只收女孩子的教区学校。

我有个朋友叫穆雷·丹克韦尔兹。他有两个儿子都在圣·安德鲁斯学院读书。多年来,他一直赞扬这所学校怎么怎么好。有一天,他告诉我学校主导的一项延展计划。这个计划鼓励养尊处优的学生们去教格雷厄姆斯敦小城那些家境不好的学生。

[①] 英国著名作家,其作品《彼得兔的故事》在欧美脍炙人口。——译者注
[②] 19世纪南非著名的英国殖民主义者。——译者注

这是一个学生教学生的计划，学生们被教育"传播所学"的重要性。它是圣·安德鲁斯学院教育计划中关键的一部分。

当我听说了这个教育延展计划，立即问穆雷是否能联系到校方，让我们去那里用《富爸爸现金流》游戏对他们的学生进行财商教育。

校方接受了我们的建议。2016年7月，我和汤姆·惠尔赖特自费来到了格雷厄姆斯敦，在一个工坊里开始了我们两天的教育活动。

区别

不同的是我们分组的多样性。我要求圣·安德鲁斯校方，听课的学生既要有男孩也要有女孩，既要有白人也要有黑人。圣·安德鲁斯学院和罗德斯大学的教师们，还有穆雷的朋友们——格雷厄姆斯敦区域里的B象限和I象限里的企业家，都来到了两日教室。

我们之所以邀请教师和企业家也来和学生们一起听课，是因为我们都知道许多企业界的人抱怨现在的大学毕业生对现实世界缺乏了解。有了学校老师和企业家的参与，作为讲课老师，我们将让43个高中年龄的学生们看到一个更广阔、真实的企业世界。

神奇的场合

两日教室有魔力。学生、老师和企业家们都是很好的。我看到他们的眼睛都闪现出期待的目光——就像我在南凤凰城男孩女孩俱乐部所见到的听众被我们的教育唤醒的情景一般。

每一张桌子后面都坐着四到五个学生和一个老师,或者是一个当地的企业家。我和汤姆简短地自我介绍后,就开始了演示现金流游戏。

第一个小时……

第一遍游戏演示了一个小时。当成人和学生们学习着词汇表、数学和节目中的教育过程的时候,这个小时显得有点困难。但尽管在第一个小时里游戏没有完成,我们还是把游戏停下来。讨论开始了。

如果你愿意再翻到259页,看看埃德加·戴尔的学习金字塔,你就会明白参与讨论是个很高的学习记忆过程。刚刚演示了一个小时,学生们、老师们和企业家们有一大堆问题要问!学习才刚开始。

第二个小时

午饭后,《富爸爸现金流》游戏演示第二遍。还是只用了一个小时。但这次速度加快了。听课人烁烁的目光还是那么明亮,第二次的讨论更为热烈和有深度。

第二天

第三次演示在第二天上午继续。这次的演示，游戏几乎失控了。声音的分贝上升了。毫无疑问，孩子们和成人们都"入了戏"。第三轮的讨论是语调高亢的和生动活泼的——越来越多的参与者大脑里亮起了光。

有趣的是，当学生和老师们对汤姆说"你在非洲做不了这个"时，当地的企业家们说："我们在这里就是这么做的。"

当我和汤姆提出现实生活中的问题及其解决办法后，两天的项目结束了。正如我事先想到的一样，年轻的学生们尤其喜欢这个问题："怎样通过买一辆保时捷让你致富？"我的快乐是看到他们眼中的光亮一直持续着。

余波

几天以后，穆雷打电话告诉我，自从我们的演示课程后，他的电话一直响个不停。这些电话都是家长们打来的，想要知道他们的孩子究竟经历了什么。有个男生向他的父亲提出借10万兰特（南非货币）投资他的第一套房产。很明显，得要求他先多多研究房地产再说。还有些孩子聚在一起，商量要开他们的第一家企业。

圣·安德鲁斯学院是教育界的名校，以培养学生的思考能力见长。这所学校的领导和教师在我们的演示课程后非常重视财商教育。他们和当地的企业家一起开会，讨论怎样着手把财商教育引进圣·安德鲁斯学院乃至南非，让家境好的学生去教那些穷苦家庭的学生。现在"传播所学"活动仍在南非格雷厄姆斯敦开展得很好。

这本书就是献给那些参与了2016年7月两日财商教育活动的学生、老师和企业家们的。这次活动是由圣·安德鲁斯学院主办的。

对汤姆·惠尔赖特和我来说，把财商教育的催化剂播撒在学生、老师和企业家之间，是一种精神上的享受。问问任何一个老师，当他或她看到学生眼中热切的求知眼神是一种什么感受，你就明白为什么教师热爱教育了。

精神教育

我的精神教育开始于1965年8月。经过一年竞争激烈的考试，我得到了进入马里兰州安纳波利斯海军学院和位于纽约州金斯波因特的美国商船学院的机会。

我接受了金斯波因特的录取，因为我想以一个美国商船船长的身份驶往全世界，而不是一个美国军官。做出这个决定还有一个考虑，那个时候金斯波因特的毕业生是世界上工资水平最高的。我们毕业的1969年，我们班的很多同学都找到了在商船上做船长的工作，其年薪高达10万美元。对于那个时候的一个21岁的毕业生来说,真是太棒了!

很有讽刺性的是,我被任命为美国海军中尉,派往位于佛罗里达的彭萨科拉飞行学院,开始的月薪才200美元。但是到越南去是我自愿的,这是在学校里受到的精神教育所致。

听起来可能有点奇怪,军事院校还进行精神教育?但这是真的。在所有的军事院校中,教给学生的第一个词是"使命"。接下来的词是"责任"、"荣誉"、"法典"、"尊敬"和"诚实"……所有的词都是为了增进精神素养。

我当年之所以从MBA退学,其中一个原因是我在那里学到的词汇如"金钱"、"市场"和"操作",和过去学到的东西很不一样。如前所述,当我读MBA的时候,我还没有完全离开海军陆战队。刚从越南的战场环境回来,像金钱、市场和操作这些词汇与充满了军事院校和海军陆战队的荣誉法典相冲突。

正义

有一个东西是每一个军官都无法容忍的:非正义。在军事学院和海军陆战队,军官就是被培训来永远为人类的尊严而战的。

1973年从越南归来,当发现我父亲被解雇而精神破碎时,我找到了我的下一个使命。那个使命在某一天变成了富爸爸公司的使命:通过财商教育,让人们的财务境况得到提升。

我想对圣·安德鲁斯学院、教区女子学校和罗德斯大学的师生们以及格雷厄姆斯敦的企业家们说,谢谢你们鼓舞了我,促使我写作了本书。我尤其感谢你们所做的"传播所学"活动，这是教育的真正使命。

什么是真正的教育？

真正的教育应该是鼓舞人的，应该是触及学生灵魂的。

真正的教育也应该是激励人的。"勇气"[①] 这个词来源于法语词 "la coeur"，心脏。勇气是克服恐惧和怀疑情绪的能力。

真正的教育应该是启发式的。真正的教育应该开启学生们的心扉，让他们对这个世界充满好奇心，让他们终生都做个爱学习的人。

---

① 英文为 courage。——译者注

第三部分
总结

婴儿潮一代人是历史上最幸运的一代人。

他们出生于二战结束,正好是世界经济复苏的阶段。即使婴儿潮一代人没上大学,也有很多高薪的工作等着他们。

他们中读了大学的人找工作更不用发愁,毕业就能找到高薪职业。

储蓄者是赢家

因为银行利率高达15%,婴儿潮一代人靠储蓄就能变成富人。

郊区变得繁荣后,许多婴儿潮一代人用他们的信用卡借款就购买了郊区别墅或者成为麦氏公寓的房主。

许多婴儿潮一代人凭借着股票市场在1971年到2000年期间的繁荣而致富。

一个全新的世界

时代变了。婴儿潮一代人的儿孙们面临着一个完全不同的世界。

一个快速全球化的世界，低薪的工作岗位、超低的银行利率、上升的税收、高得充满了危险的政府债务和无能的官僚，生活在这个时代的人该怎么办？

这就是真正的财商教育变得至关重要的原因。它不仅是为了成功，也是为了在经济萧条环境下的存活。

真正的财商教育需要我们看到钱币的三个面。

债务和税务

真正的财商教育必须包括债务和税务。还债和纳税是我们的最大开销。相信"纳税是爱国"的说法不仅是天真，也是无知的。

美国诞生于1773年对税收的反抗中。在1943年前，美国人都是不纳税的。这一年里，美国通过了一项《现行税收缴纳法案》。这项法案授权美国政府把手伸到美国人的口袋里，掏出钱来支付二战开销。这就是很多人认为纳税是爱国行为的来由。如今，税收不仅支撑着战争开销，还支撑着美国的福利支出。

如今的现实

真正的财商教育必须是有关于在 E 象限内获得现实生活体验的雇员，有关于 S 象限内的企业家，包括临时做做小生意的小老板，有关于 I 象限内的职业投资人的。

这还不够。还有关于人们在财商上的无知，例如那些说"我有工作"的人。

真正的财商教育无关于让你傻乎乎地把钱交给"理财专家"，或者是希望把钱放在你需要时伸手就够得着的地方。

打造你的团队

以为靠一己之力就能解决自身的财务问题真是太傻了。那些富人都拥有最好的会计师和律师团队为他们工作，解决他们的难题。

你也可以如法炮制。我团队中的所有顾问都出了他们自己的书，可以支持你和你真正的财商教育。

傻乎乎地存钱，在股票市场做长线投资，或者指望着政府养老金来作财务保障，无异于未来的财务自杀。

汤姆税课

专家团队

对于S象限内的某些人来说,最大的挑战就是他们的聪明。我深知这一点。我在大学的成绩一直都得"A"——这是因为我的同学们都太聪明了!他们什么事都能做。能做销售,做市场,做生产,做管理,甚至还能开发产品。这就是为什么他们不在B象限和I象限而在S象限里的原因。

他们不明白需要建立一个团队,他们认为没有人能做得像他们自己一样好。他们就是不相信别的人也能做他做的事。如果你想转到B象限和I象限内,你需要有聪明人在你的团队里。他们比你更强更专业,你需要给他们以充分的信任。

第四部分
无趣的经济学

第四部分介绍
快车道上的生活

大多数经济专家都讲同样的话："好好学习，努力工作，别忘纳税，储蓄闲钱，在家吃饭，清偿账单，无债身轻，开普通车，生活在你的财产水准下。"

我把这叫作"无趣的经济学"。

当我和汤姆·惠尔赖特去南非教圣·安德鲁斯学院和教区女子学校的学生们时，我们所教的是我们被教给的方式——玩游戏，同真正的教师和真正的企业家一起玩，采用的是我怎样致富的真正例子。

在很多场合的交谈中，我经常讲："我可能是个日本人，但我不大喜欢丰田车。我更喜欢科尔维特、保时捷和法拉利。"

在格雷厄姆斯敦两天的演示和教学中，我用自己的真实生活作例子：怎样买了辆保时捷致富。

学生们更喜欢接受保时捷经济学而不是无趣的经济学。

接下来的一章是我们在南非与学生们一起学习的同一例子。一个有利于真正的财商教育的方式是你活得有趣，生活在财产水准以上……却仍然保持了富有。

第十四章
一辆保时捷是怎样让你致富的？

穷爸爸：

生活在你的财产水准下。

富爸爸：

提高你的财产水准。

金钱破坏了很多人的婚姻。比其他原因更多的是，许多夫妻反目都是因为一个钱字。

我清楚地记得，当我还是一个小孩子的时候，因为听到了父母为钱而吵架，我立刻变得很不开心。那不是我要的婚姻。我想要的是富有、幸福和有爱的婚姻。

誓言

一则誓言是你在上帝面前的庄严承诺。

当我和金决定结为夫妻的时候,我们相互宣誓的誓言是这样的:

我们将来能够拥有我们想要的任何东西。我们不愿意说"我们买不起这东西那东西"。我和金决心在一起工作,将来能够买得起任何她或我想要的东西。

这里有一个条件。这个条件就是我们必须购买一件资产,这件资产能够偿付我们想要的债务。

换句话说,我们发誓债务会让我们变得更富裕而不是更贫穷。

保时捷问题

这就是保时捷问题的原版。这个案例我和汤姆在格雷厄姆斯敦为圣·安德鲁斯学院和教区女子学校的学生们讲过。

我是个汽车迷,想要一辆1989年的保时捷赛车多年了。问题在于,这种车非常稀少,而且价格昂贵。我相信销到美国的不到700辆。有钱人把它买了保存起来以待价格升高。有一次,我看到有人以12万美元的价格出售。

然而,当经济不景气的时候,这种赛车的价格也一路下行。

有一天,我的一个做保时捷经销商的朋友盖里给我打电话:"我有了一辆你一直在等待的车。它就是最为稀少的1989年款保时捷赛车。"

"为什么它最为稀少？"我问他。

"因为它是保时捷赛车中的第一款，1989年第一批生产的。保时捷的小册子就是以它做的封面。它还是保时捷在世界各地的大型车展上都亮相的一款车。我有全部的记录、目录和纪念这款非常特别的赛车的纪念章。"

"多少钱？"我问道，希望他会说12万美元……那样的话，我就会顺理成章地说："不，谢谢你，太贵了。"那是1995年，我还在打造我的资产纵队，也没有地方可以停放这辆车。

"你可能不信，"盖里说，"车主只要5万美元。"

"什么？"我着急地问，"这车有什么问题吗？"

"一点问题没有。"盖里回道，"昨天，我的技工把这辆车仔细地检查了一遍，所有部件都非常完美。里程表上显示，它仅仅跑了4000英里。我是第一个打电话给你的。如果你说不，那我就要卖给其他人了。想要这辆车的人在我的单子里排了一长串，尤其是这样一个价格。"

对这种事，富爸爸教我的是先说买，然后去检查，不行的话再拒绝。富爸爸说："许多人没有留下时间去考虑，没把问题想透彻就匆匆地说不了。"在金融的词汇里，这就叫作"选择权"。在真正购买这辆保时捷前，我可以先口头"买"下选择权，留下时间去考虑。

所以，我告诉盖里："我要这辆车。"

现在，我可以考虑怎样对金说我的打算了。

重温誓言

这就是产生我和金誓言的事件由头。我所做的是买了件会给我们带来现金流的资产，以抵消买保时捷产生的债务。

这是同一个保时捷问题的挑战———当我和汤姆在格雷厄姆斯敦对学生们讲到这个例子时，很明显，比起怎样生活在他们的财产水平以下、储蓄现金、开一辆便宜的车，学习怎样购买一辆保时捷对学生们更有刺激性。

我将用对那些年轻学生讲课的方法来介绍保时捷挑战。记住，数字已经四舍五入了，为便于理解过程，步骤也简化了。额外提示一下：保时捷和微型仓库的数字都比较低，因为这两样都是在经济萧条的时候买的。

关于保时捷挑战的介绍将分三个标准。

标准一：婚姻誓言

标准二：罗伯特的标准

标准三：汤姆的标准

标准一是我把保时捷献给金。

标准二是我把交易结合起来。

标准三是汤姆的职业思想标准。我不能完全懂得汤姆的标准，但是这项交易必须得有汤姆的肯定才好对金解释。

说句实话，我还不完全懂得怎样买一辆保时捷会让我和金更富——至少是在汤姆所做的标准上。

每一次我和金的婚姻誓言遭遇考验时,汤姆就把他的会计师角色扩大到婚姻顾问上,引导我和金走出这个过程。他不仅做了我和金想做的每一件事情,还通过那些过程让我们变得更富有、更明智,避免了我们之间为金钱的事而争吵。

标准一:婚姻誓言

我和金在银行里有 5 万美元的现金。我们本可以用这笔现金买下保时捷。问题在于,如果这样做了,那我们就既没有了资产,也没有了现金。

收益表

收入
支出

资产负债表

资产	负债
5万美元现金	

办法何在?

找到一处资产。

用这 5 万美元作为购买这处资产的首付。

用债务加上这 5 万美元买下这处资产。

再借 5 万美元买下保时捷。

从资产产生的现金流将用于购买保时捷贷款的月付。当若干年后，一旦付清了保时捷的贷款，我和金将拥有保时捷和那处资产，还有那处资产产生的现金流。

此外，我们还将获得从资产增值、折旧和分期付款保时捷中产生的幻象收入。

当金弄懂了保时捷计划后，我开始了真正的交易行动。

标准二：罗伯特的标准

第一步是找到一处资产。因为没有一处大些的资产，交易不可能进行。而且事实上，它会适得其反，花费会比我存在银行里的钱更多。

我开始打电话给我认识的房地产代理商，问他们是否有符合我想象的房产。

打了五六个电话后，有个在德克萨斯奥斯汀的朋友叫比尔的，说他手里正好有一处微型仓库。这处房产是因为丧失了抵押赎回权，被比尔以 14 万美元购得。然后，他对仓库做了一番修缮，最近刚完工。比尔愿意以 25 万美元的价格出让给我。这个交易太理想了。我信任比尔，因为以前我们曾合作做过一些生意。于是,和他一起完成了交易的手续后,我买下了微型仓库。一周后,我申请下了两笔贷款,一笔是为购买保时捷的,一笔是为买下微型仓库的。

交易如下图所示:

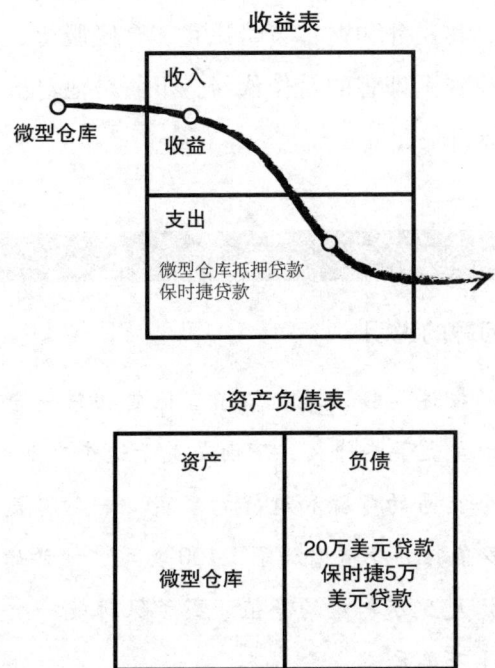

交易完成了。从微型仓库的租金产生的现金流源源不断地偿付着保时捷和这处房产的贷款。

我拥有了一处资产。我挣着更多的钱,但却很少需要纳税。我开上了自己梦寐以求的保时捷。

若干年后,我们卖掉了微型仓库,获得了很好的回报,转而投资一处免税的资产。至于保时捷，至今我们都还开着呢。

标准三：汤姆的标准

汤姆游刃有余地在税法原则和他对企业家目标和挑战的理解之间行事，其税务和财富策略让我和金佩服得五体投地，一致认为我们找到了理想的合作伙伴。下面是他对这个过程中税务策略的解释。

汤姆税课

关于保时捷问题的说明

罗伯特简单的描述，精准地介绍了当他起初想买仓库，后来又想买保时捷时发生了些什么。下面是关于这个交易的全面解释。我将介绍这个交易的步骤和这样的事实——在购买保时捷的第一个月里，罗伯特的净值增加了 1,100 美元。他开始于 5 万美元的现金，也就是 5 万美元的净值。买了保时捷一个月后，他的净值成为 5.11 万美元。

跟随我穿越这些步骤：

第一步：购买仓库

现金		仓库		抵押贷款
5万美元	5万美元	25万美元		20万美元

5万美元的现金为仓库的预付定金

第二步：仓库每月带来的净收入

现金	租金	抵押贷款	支出
1000 美元	1600 美元	100 20 万美元	500 美元

1600 美元的租金收益支付支出和抵押贷款后，还有 1000 美元的结余进入现金流

第三步：购买保时捷

汽车贷款	保时捷
5 万美元	5 万美元

5 万美元的汽车贷款记为一项负债；
5 万美元的保时捷加入资产一栏

第四步：偿还每月的汽车贷款

汽车贷款		现金	
1000 美元	5 万美元	1000 美元	1000 美元

再说一次，如果你没有完全明白这些解释，找个朋友一起讨论，或者找个像汤姆这样的会计师，让他为你解释这个过程。

真正的教师，真正的课程

学生们热爱这样鲜活的例子。他们一个接一个地站起来提问，以透彻地了解这个想法的过程，并和组里的其他人热烈讨

论怎样买一辆保时捷会致富而不是致穷。

当学生们轮流地表述这个过程时,我和汤姆看到了变化——我们能够从他们明亮的眼神里看到这个变化。两天的课程结束时,学生们懂得了财务报表对每一个人的重要性,都跃跃欲试,恨不得买辆保时捷来一试身手。许多人意识到,他们离开学校时,如果他们的财务报表——他们真实的人生"报告卡"——上有瑕疵,他们将借不到银行的钱。

我和汤姆没有用花言巧语,没有语带威胁,也没有滔滔不绝,甚至都没有鼓励他们去学习更多的财商知识,但是他们中的绝大多数人——虽然不是全部——都希望学得更多些。许多人扑向了我们堆在教室一张桌子上的富爸爸公司顾问们写的书籍。我鼓励他们选择自己有兴趣的书。这些书全都是免费提供给他们的。我和汤姆唯一要求他们的是"传播所学"——当他们到非洲的市镇去教其他学生学习现金流游戏时,把他们所学到的传给其他人。正如汤姆对他们说的:"你们越精明,你们的非洲朋友也会越精明。传递爱心吧!"

终生学习

对千千万万的人来说,他们的教育终止在离开校门口的那一刻。对很多人来说,传统的教育扼杀了他们的学习精神。这是社会经济的悲哀。

如果不是我的富爸爸,我也会是他们中的一个。

激发我变成一个企业家的不是金钱，而是人的自由。富爸爸让我学习推销是进入B象限的入口；而为期三天的房地产培训课程是我进入I象限的入口。

热爱学习、终生受教育是在B象限和I象限成功的重要因素。如今，我和金以及我的顾问们一年两次聚在一起学习伟大人物们的著作。如果我们静止不动，世界的变化就会让我们感到头晕目眩。

大多数人离开学校后就不再学习了。这是富人和穷人以及中产阶级间鸿沟变宽的又一个原因。

第四部分
总结

  生活中很少有什么东西像我们做着的实事一样强而有力。有人把它叫作实践学习。它就像我们学过的大多数最有效的方法一样，处于学习金字塔很高端的位置。

  如果你把学习金字塔再看一遍，我想你能更好地明白那两天在格雷厄姆斯敦发生了什么。

学习金字塔		
两周后我们还能记住多少		参与程度
说过和做过的还能记住90%	实战	主动
	模拟 ←	
	做一次令人印象深刻的报告	
说过的还能记住70%	发表一次演讲	
	参与讨论	
听过和看过的还能记住50%	现场观摩	被动
	观看演示	
	看展览、观看演示	
	看视频	
看过的还能记住30%	看图片	
听过的还能记住20%	听演讲	
读过的还能记住10%	阅读	

资源来源：改编自戴尔的学习金字塔（1969）

学生们玩了三遍《富爸爸现金流》游戏，每遍一个小时，这时候他们处于第二层：模拟。而当他们解释我的保时捷挑战时，他们是在解释真实的事情了。

一旦他们懂得了财商教育的力量，保时捷和生活在梦想中的力量，以及教育他人的力量，他们就更有兴趣地进入学习金字塔的底部——阅读。许多人变得更喜欢阅读，并参加了有关真正的财商教育的培训班。

我懂得学习金字塔的过程结构。因为它解释了富爸爸教我和他儿子的学习过程。当我们9岁时，我们玩《大富翁》游戏，在富爸爸的办公室里做作业。然后去参观他真实的"绿色房子"。那些"绿色房子"将在日后某一天变成"红色大酒店"。

在我写的《富爸爸穷爸爸》一书中，富爸爸不给我们工资，迫使我想要像一个企业家一样，于是我在9岁时开设了一家借阅连环画的企业。就像学习金字塔向我们显示的一样，没有什么比做实际的事更重要了。在我9岁时，借阅连环画企业把钱塞进我的口袋——不用我工作。我还学到了资产和负债的区别。那些简单的课程，造就了我不一样的人生。

如今，我和金都成了企业家。我们工作不是为了钱。我们创造资产，创造工作岗位，在真实的人生中玩《大富翁》游戏。我们和政府合作，做政府想要我们做的事。作为交换，政府把我们作为好伙伴看待，给我们以税收优惠。

更重要的是，我们的生活圈子围绕着真正的朋友和顾问。我们懂企业，懂投资。我们的生活就是团队活动。

1994年取得了财务上的自由后，我和金于1996年开发了《富爸爸现金流》游戏。1997年，《富爸爸穷爸爸》出版。所有我们做的，都是"传播所学"，履行富爸爸公司的使命：

提升人们的财务状况，改善人类的福祉。

这本书，《为什么富人越来越富》，真的是富爸爸公司的"研究生院"。它出版于2017年,为了庆祝《富爸爸穷爸爸》一书出版20周年。我和金真诚地感谢世界各地那些玩《富爸爸现金流》游戏、阅读富爸爸公司出版书籍、传播分享真正的财商教育和"传递爱心"的人们!

正如玛格丽特·米德[①]曾经说过的:

绝不要怀疑那些思想深邃、敢于担当的一小群人能够改变世界。真的,这是永远有存在价值的唯一的事情。

---

① 美国著名的人类学家,被称为"人类学之母"。——译者注

结束语

穷爸爸：
授人以鱼。

富爸爸：
授人以渔。

很明显，我们现行的教育制度已经变得陈腐不堪。它原本是为工业时代设计的。

好消息是我们进入了信息时代，一个为更多人带来更多机会的时代。然而，科技正在从传统雇员手中夺去他们的饭碗也是事实。科技还创造了非常富有的企业家。他们无所不能，雄心勃勃，善于合作，并投资于真正的财商教育。在接下来的20年里，将是那些精通技术的企业家的天下。是他们将改变世界，而不是我们的教育家、政府官员、公司高管或者政治家。

大多数人最大的错误是他们认为接下来的20年和过去的20年没什么不一样。许多人相信我们不久将穿过经济的泥泞小路，一切将重回 OK 状态。

不管你喜欢还是不喜欢，我们都正在经历着人类历史上最为巨大的变化。人们经常说，地质板块正在移动，我们的明天将不再是今天这样。这是值得牢记的很智慧的一句话。问题是：我们的教育制度会随着我们的进化而改变吗？或者是，它将带领着我们走向灭绝吗？

教育比以往变得更重要，但紧迫的问题是：什么样的教育？

没有真正的财商教育，千百万诚实可靠的人变成了偷税漏税的人，做着不诚实的勾当，希望靠不那么正大光明的行为避免缴税。那是逃税的违法行为。

没有真正的财商教育，大多数人弄不清违法的逃税行为和合法的避税行为的区别在哪里。

没有真正的财商教育，大多数人认为少缴税的最好办法就是少工作或者干脆不工作。

没有真正的财商教育，大多数人就不能意识到1913年创立的联邦储备银行和国家税务局之间有什么关联。

没有真正的财商教育，很多人就认为对富人课以重税是解决他们自己财务问题的办法。

没有真正的财商教育，很多人用谎话遮掩他们犯下的错误，而不是诚实地承认错误，并从错误中吸取教训。

成千上万的人宁肯对他们的财务状况撒谎，也不愿意承认他们对财商知识一无所知，进而寻求帮助。不懂财务报表和没有财商素养，大多数人不知道威胁他们的财务挑战有多大。

当真实和透明受不到鼓励时，我们的学校教育学生们，他们的错误说明他们很愚笨。而在企业里，错误可能意味着"你被解雇了"。

我们的文化变成了机能失调的文化，说谎成了自我保护最好的办法。

缺乏真正的财商教育是问题的根本所在，所以，进行真正的财商教育，才是出路。

在本书结束前，需要你考虑的最重要的问题是：你真正想要的是什么？真正地。

你是想要工作的稳定还是财务的自由？这个问题的答案将决定什么样的教育类型最适合你。

在我看来，对这一时期人类进化最智慧的说法来自于F.司各特·菲茨杰拉德①：

检验是不是一流智力，看其是否具有同时在脑子里保留两种对立观念并保持其功能的能力。

感谢您阅读本书。

罗伯特·清崎

---

① 20世纪前半叶美国著名编剧。——译者注

后 记

那么……我们怎样改变世界呢？

富爸爸经常说："如果你想改变世界，首先改变你自己。"

无论何时，当我对某件事抱怨或发牢骚的时候，他总是要求我在心里反复对自己说："为了让事情变好，我必须自己先变好。"

他要我考虑怎样才能改变自己。当我对某事有了新想法，我会报告他。一旦自己有了变化，我总是很吃惊：事情怎么也改变了！

给百万富翁的话

婴儿潮一代人经历的是非常轻松的生活。
请他们做你的财务顾问不是最佳的选择。

百分之七十的婴儿潮一代人退休生活将处于贫困中。
很多人可能会和他们的孩子或者孙辈生活在一起。

你有两个选择:
或者指望政府来关照你……
或者你自己照顾自己。

你可以靠自己打鱼……或者等着别人给你鱼。
选择权在你。

红利区

研究生院

和富爸爸顾问肯·迈克尔罗伊
做真正的无限回报交易

项目计划

福利斯特里奇公寓房
位置：亚利桑那州弗拉格斯塔夫市

267套房（一居室和两居室各占一半）
价格：1,900万美元

条件描述：30年房龄的公寓楼，房屋状况良好，仅仅需要做外部粉饰。

机会

弗拉格斯塔夫是一个美丽的、小型的靠山城市，紧挨着滑雪胜地、一所州立大学和一所社区学院。

弗拉格斯塔夫对于房地产信托投资商来说规模太小，他们仅仅倾向投资于更大的城市，例如洛杉矶和凤凰城。这给了小投资者一个机会。

弗拉格斯塔夫注重环保，反对扩大城市和社区规模，这让开发商无用武之地。但结果是，对独栋房和公寓房的需求量很大。

租金低于市场价，每套房每月100美元。

毛收入是：267套×100美元 收购公寓楼后不久，租金可以适当提价。

收购计划

收购价：1,900万美元

借款：1,500万美元银行贷款

投入资产净值：来自7个投资人的400万美元资产净值

增加价值计划

修缮房产

逐渐把租金提高到市场价值水平

提高净营业收入

再为房产筹款

投资者收回资产净值 + 增值份额 + 现金流 + 税收优惠

	2009年	2010年	2015年
房产价值	$1,900万	$2,500万	$3,400万
借款	$1,500万	$2,000万	$2,500万
投入资产净值	$400万	$500万	$900万
净营业收入	$100万	$140万	$180万
税前现金流	$40万	$60万	$40万
税收优惠（幻象收入）	$67.5万	$67.5万	$45万

注：为了简单起见，上面提到的所有数字都是大概的。

2009年

罗伯特和金在400万美元资产净值筹款中投入了50万美元，年利率收入为12.5%；他们每年可以享受免税的现金流5万美元。税收优惠的8.4万美元也是通过税务策略得到的。他们不需要为他们挣得的其他收入支付税金了。其税后投资回报率达到了27%。

2010年

当营业净收入增加了后，肯·迈克尔罗伊再次为房产借款，得到了一笔2,000万美元的贷款。这笔贷款还清了先前买房时的1,500万美元的贷款。所有的投资人收回了他们在400万美元资产净值中的投资份额,并得到了房产增加值中的部分。

罗伯特和金收回了他们的 50 万美元投资,并得到了 10 万美元免税的房产增加值——因为他们再次借款,所以这个收入是免税的。

他们的房产投资回报现在是无限的了,因为房产中再也没有罗伯特和金他们自己投入的钱了。

此外,他们得到了 60 万美元免税现金流中他们应得的那部分,再加上因房产折旧而享受到的大约一年 8 万美元的税收优惠。

2015年

随着经济的复苏,租金上涨,他们的营业净收入达到年 180 万美元。

此时,贷款利率下调至 5% 以下,而他们收购的房产估值已经达到 3,400 万美元,肯·迈克尔罗伊据此又向银行贷款 2,500 万美元。

他用这笔钱还清了上一笔 2,000 万美元的贷款。投资人又分享了收益。

罗伯特和金得到了另一笔 50 万美元的免税收益,加上免税的现金流大约 10 万美元,还有因房屋折旧而获得的税收优惠,这笔幻象收入超过 5 万美元。

还有——他们的投资回报是无限的。

从 2009 年到 2015 年,福利斯特里奇公寓楼回报了好几百万美元,免税的,还是无限回报哦!金钱来自于知识,真正的财商教育带来的知识。

多年来,罗伯特和金投资了16处类似的项目——全都是无限回报的模式,都是由肯·迈克尔罗伊和他的MC房产公司操作的。

多数情况下,当罗伯特和金收到肯·迈克尔罗伊收回的钱时,他们立即转手给肯·迈克尔罗伊,让他以同样的无限回报操作方法投资于其他项目。

再投资回报是富人之所以更富的另一个原因。

释义

房产营业净收入:

房产毛收入−营运开销(不包括债务)= 营业净收入

注意:银行评估房产价值是依据房产净收入。每当房产营业净收入提高了,肯·迈克尔罗伊就到银行申请下一处房产的贷款。因为借款是免税的,分配给投资者的收益也是免税的。

投资回报率:

$$\frac{回报}{投入资产的净值}$$

例如:如果我投资100美元,得到的回报是10美元。我的投资回报率就是 10%。

$$\frac{\$10}{\$100}=10\%$$

如果我在某项投资中的投入是 0，却得到 10 美元的回报，我的投资回报率就是无限的。

无限回报就是目的。例如，投资人用 25 万美元建立了富爸爸公司。3 年后，投资人得到了 50 万美元的回报。过去的 20 年里，罗伯特和金得到的回报就是无限的。

另一个例子：我花 10 美元买了 10 股股票，每股价格是 1 美元。当股票价格升到每股 5 美元，10 股股票的总价值上升到 50 美元。于是，我以每股 5 美元的价格卖掉了两股，收回了我的 10 美元投资。现在，剩下的 8 股都是我没花钱的了，再得到的收益就是无限的了。

股票和房地产之间的一个不同，在于房地产兼有借款和税金的额外收益。下一次，当某人告诉你有一个 8% 的股票或基金的好收益的时候，先好好想想吧。

为了提高你的财商素养

聪明地选择你的教师

大多数教师都是很棒的人……
但他们对所教的东西没有实践过。
我在飞行学院时的所有教师都是飞行员出身。
我所有的顾问们都是富人。
他们对所教的内容有丰富的实践经验。

美国人想要的到底是什么？

穷爸爸：
我想要一个安稳的工作。

富爸爸：
我想要我的自由。

弗兰克·冷斯博士是美国最受尊敬的通信专业人士之一。他是著名的民意调查专家，经常在电视里分析美国人的心愿。弗兰克是《华盛顿邮报》水晶球大奖的赢家，因为他能"看到"美国人脑子里或心里的活动。

我和弗兰克相识于CNBC，一家全球性财经电视新闻台，那时我们坐在休息室等着录制我们的节目。弗兰克现在已经成了我的朋友，并成为"富爸爸"广播节目的定期嘉宾。

当弗兰克的著作《美国人想要的到底是什么》（*What Americans Really Want...Really*）2009年出版后，我立即跑去买了本回来，一口气儿读完。他的作品和研究，对于美国从事企业工作的人来说非常重要。

在《美国人想要的到底是什么》这本书中，弗兰克报告了他2008年为考夫曼基金会所做的标志性调查。后者是美国一流企业家的智囊团。冷斯博士的调查发现：

"很难讲清楚，在尊敬企业家和仇恨企业家的情绪中，哪一种情绪变得更为强烈。"

他深度地调查了为什么美国人仇恨公司的 CEO 们。在他的调查里，他问普通人："如果你可以选择，你愿意自己做什么身份的人？"

80% 的人选择了做成功小企业（最初员工的规模在 100 人左右）的老板。

14% 的人选择了成为财富 500 强公司（员工规模超过 1000 人）的 CEO。

6% 的人选择了"不知道/拒绝回答"。

对问题的回答清楚地表明了美国普通人的愿望：

当初捉襟见肘地建立了一个公司的人，现在获得的尊敬远超那些在大公司辛苦地爬梯子的人。

换句话说，"美国人真正想要做什么？压倒性多数的人想要做个企业家！"问题是我们的教育制度继续在把学生们训练成一个个雇员。从这里可以看出，我们对孩子反复教导的"好好学习，将来找个好工作"的箴言是多么脱离人们的真实愿望啊！

忘了商学院吧!

冷斯博士是这样谈到商学院的:"那么,该怎样用企业家精神来武装一代代美国人呢?忘掉 MBA 吧!大多数商学院教你的是怎样在一个企业里取得成功,而不是怎样去开一家自己的公司。"

MBA 项目训练出来的学生是做雇员而不是做企业家的。企业家的技能和心态是钱币的另一面,是与公司的执行层和需要稳定的工资、福利和带薪假期的雇员相对的一面。

问题在于教育制度

较大的问题在于我们现行的教育制度。不愿意成为企业家的大多数人是因为他们没有受过任何的财商教育。大多数人的生活是被支票簿的厚薄所控制的。缺乏了真正的财商教育,许多受过很高教育的公司执行层高管变成了贪婪、残忍、铁石心肠和对他人疾苦没有感觉、只会一心捞钱的人。

冷斯博士的调查还发现了那些受过很高教育的企业领导人和员工间不断增长的不信任感。这也是美国公众为什么想要成为企业家,而不是做员工的一个原因。

简而言之,许多美国人不再信任我们的学校、我们的政府官员、我们的政治家和我们的企业领导人。这种倾向影响了像唐纳德·特朗普这样的企业家崛起成为总统,一个不需要工资的总统。

美国人真正想要的教育是什么

在其为考夫曼基金会所做的调查中,冷斯博士发现,美国人真正想要的教育是:

81% 的人希望在中学和大学中开设活跃的、成为企业家的能力培训课程。

77% 的人想让州和联邦两级政府对人们成为企业家的努力加以鼓励。

70% 的人认为经济的成功和经济的健康依赖于教育人们成为企业家,而不是雇员。

教育制度会改变吗?

这似乎是一个价值百万美元的问题。

问:美国的教育制度会提供美国人民想要的企业家教育吗?
答:不,不会很快做出改变。两个最抗拒变化的行业就是建筑和教育。这两个行业滞后了50年的时间。这意味着这些行业本来有50年的时间来采用新观念、新哲学思想或者新技术。对比一下技术行业50年的状况吧:在这个行业里,平均每一年半就会发生一次技术变化!

还有一项毫无价值的现象是教育和建筑行业的高度抱团化,

一种抗拒变化的雇员文化。

> 问：为什么有这么多人害怕成为企业家？
> 答：因为企业家的失败率极其高：90%的企业家都会在第一个五年里失败。在幸存下来的企业家中，又有90%的人熬不过第二个五年。这就意味着，在十年后，只有1%的企业家能够站稳脚跟。

> 问：那么，企业家们真正需要些什么呢？
> 答：企业家们需要真正的财商教育，如果他们希望自己的企业在创业过程中存活下来的话。

两个教师的故事

富爸爸和穷爸爸的故事是两个教师的传说。一个是受过高等教育的雇员，另一个是没有受过正式教育却极度富有的企业家。这个雇员和这个企业家之间的根本区别在于财商教育。

钱币的另一面

学院教育和财商教育截然不同。他们是同一枚钱币的两个侧面。

因为进行真正企业家精神教育的学校是完全不一样的学校，所以它们有待建立和发展。例如，普通学校教育学生不要犯错误，以未来企业家为教育对象的学校则会教育学生怎样创造性地犯错误，就像爱迪生所做的那样，然后从他们的错误中进行学习。

美国的企业学院

如果创立了以企业家为对象的企业学院，美国可以在企业家教育中领导世界。美国拥有五所杰出的军事学院，培养出了一批批世界上最优秀的军事领导人。它们是纽约州西点的美国军事学院、马里兰州安纳波利斯的美国海军学院、科罗拉多州斯普林斯的空军学院、康涅狄格州新伦敦的海岸警卫队学院，以及我的母校——纽约金斯波因特的美国商船学院。这些院校培养最杰出的美国军官，以及未来的美国领导人。

一个伟大的领导人的例子是德怀特·D.艾森豪威尔，西点军校的毕业生，五星上将。我的看法是，他是美国最后一位伟大的总统。我个人非常敬重他在战争和和平环境里显示出来的领导能力。

我建议美国政府创立一所培养企业家的企业学院，可以考虑建在纽约或硅谷。这样，美国就可以培养出我们国家最棒最聪明的未来企业领导人。

传统的 MBA 计划和军事学院计划的区别被 B-I 金字塔解释得最清楚不过了。

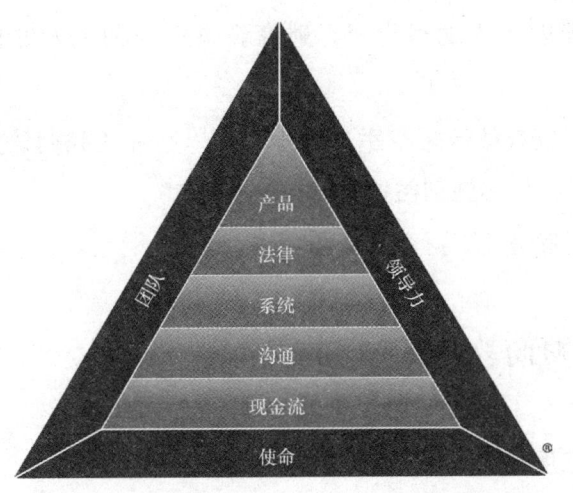

传统的大学训练学生把注意力放在 B-I 金字塔里的各种要求。军事学院把注意力放在形成金字塔的三个要素：第一个是使命，然后是团队合作，第三是领导力。

我在金斯波因特的第一天，第一项任务就是要熟记美国商船学院的使命。到第一天结束的时候，我们学到了怎样领导和服从。

但在我六个月的 MBA 学习中，"使命"这个词很少被提到，几乎没有讨论过，重复率最高的词是：钱。

"使命"是一个精神的词语，爱的词语，是创建企业的原因。"钱"是一个原始的词语，一个让人恐惧的词语。

自我防卫

同时，对你我这样的人来说，生活在一个充满了贪婪、腐败、蒙昧和无能为力的世界里，财商教育是一种个人的自我保护手段。

财商教育就像是空手道课程，可以在那些我们认为值得信任的人对我们实施利益抢夺时保护自己。

下面就是关于财商教育的综述。

什么是财商教育？

1. 态度

态度的重要性至少占财商教育的 80%。我的穷爸爸总是说："我对金钱不感兴趣。"如果对金钱不感兴趣，他怎么能学好有关钱的财商教育呢？他经常说的一句话是："我买不起那个。"说买不起总是要比盘算怎样才买得起容易得多。他认为美国政府应该来帮助他。当美国正在走向破产之际，成千上万的美国人却用和我的穷爸爸一样的态度，来对待个人的财务责任。最后，他的态度是所有的富人都是贪婪的。

2. 聪明地选择你的教师

当我们在童年走向学校时，不会在意谁是我们的老师。但是作为成人，我希望你对将要做你财商教育课的老师花时间做些了解。不幸的是，大多数财务顾问都是推销员，并不是富人。他们教你的唯一东西是让你把钱交给他们打理。你最重要的资产就是你的脑子，所以，你要小心、聪明地选择，确定让什么人把信息灌输到你脑子里。

3.学习财商语言

学习成为一个富人无异于学习一门外语。多年前我学了3天的房地产课程后，我开始学到了用房地产语言讲话——例如"回报率"、"营业净收入"和"折扣过的现金流"，等等。如今，我就是靠讲房地产语言每年挣数百万的。

当我做期权交易的时候，我的交易语言是"调用"、"卖出选择权"、"跨式组合"和"长期期权"，等等。

有关财商语言最好的事是：词汇是免费的。

富人和穷人以及中产阶级之间的鸿沟变得越来越宽的巨大原因是有三种不同的收入：

工资挣来的收入
投资组合的收入
被动的收入

鸿沟变宽的一个原因是学校教学生按部就班地去工作、储蓄和为挣得收入而投资，而富人工作是为了投资组合收入和被动收入。

4.你长大后想做什么？

鸿沟变宽是因为大多数家长和学校鼓励学生生活在 E 象限里，而最有钱和最强的人生活在 I 象限内。财商教育培育的是生活在 I 象限里的人。

5.税务让富人更富

那些在 I 象限内的人几乎不纳税，因为税务规则就是由 I 象限里的人制定的。

每个象限里的人纳税百分比

税法是公平的。每个人都可以用I象限里的人所用的规则。不幸的是，没有接受过财商教育的话，很少有人能够做得到。

6.债款也是钱

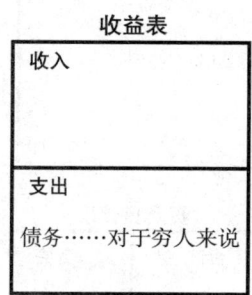

债款有好坏之分。富人用好债款得到资产。穷人用信用卡支付开销。中产阶级用债款得到债务，例如住房、汽车和学生贷款。

327

7.你的报告卡

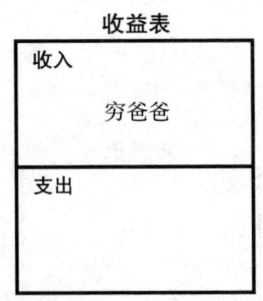

银行绝不会要求看你的学习成绩册,他们才不关心你的学习情况呢。他们想要看的是你的财务报表,也是你离开学校时的财务报告卡。

当某人说,"银行不会贷给我任何一点钱",原因一定是此人没有很好的财务报告。如果某企业家经过审计的财务报表连续三年都很强,银行会急着满足他的一切贷款需求。

如果某人没有很好的财务报告,银行会很高兴地提供他一张信用卡。

8.学习金字塔

用埃德加·戴尔的学习金字塔观察，富爸爸和穷爸爸的关注点是很不一样的。

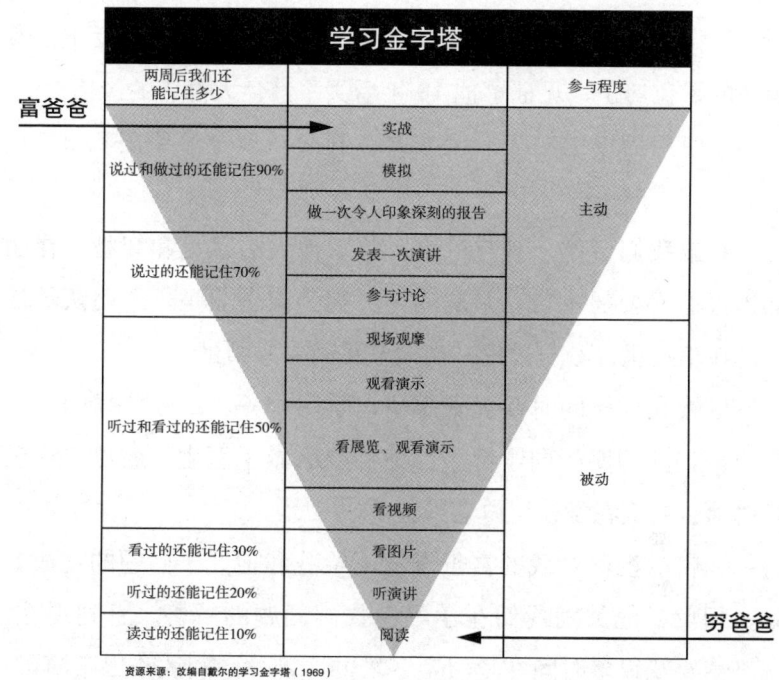

资源来源：改编自戴尔的学习金字塔（1969）

学院教育是钱币的另一面，即人类真正的学习方式的对立面。

20年前

20年前，也就是1997年，《富爸爸穷爸爸》出版了，富爸爸公司也建立了。这个公司的建立，其主旨就是要按照当年富爸爸教我和他儿子的方式,把财商教育推广到全世界去。

富爸爸是通过下面这些方法教我和他儿子的:

1. 玩游戏(刺激),犯错误,用游戏币从我们的错误中学习。玩游戏需要身体智力,是人类学习的基本方式。

2. 做真实的事情。我们像学徒一样在他的办公室工作,参观他的绿色房子,见证了他10年后买下红色大酒店的经历。

3. 使用简单的图表,例如财务报表、现金流象限和B-I金字塔。

4. 教我们合作,参与讨论,尊重他人的意见和智慧,在团队里没有必要显示自己最聪明……因为做企业是一个团队的活动。在学校里,参与讨论,当被欺骗时寻求帮助。

尽管在学校的时候天资平平,学习中等,如今我挣的钱比我们班那些聪明的同学都多。他们要么做了医生、航班飞行员和律师,要么在学校里做老师。

5. 启示教育:我的富爸爸从不给我和他儿子问题的现成答案。相反,他鼓励我们在学习中找到问题的解答。直到现在,我仍然要花很多时间在学习金字塔的底部——阅读和出席演讲。不同的是,我的学习是因为我想学习,而不是为了通过考试。

为什么鸿沟还会变宽?

不幸的是,在富人和穷人及其他人之间的鸿沟将继续变宽。许多今天拥有的东西明天将失去。为了保持竞争的优势,企业正在采用机器人替代工人。这就是为什么我们说"到学校去好好学习，将来找个好工作"这样的童话仅仅是个童话。与其寻找安全的饭碗，不如关注财务的安全。而真正的财务安全需要真正的财商教育。

为什么大多数人做不了？

许多人遭遇的难题，是认为真正的财商教育是违反直觉的，是看起来没道理的。简而言之，真正的财商教育是在钱币的另一面，跟他们曾经听到的、学到的关于金融的知识不同。许多人认为他们正做着"正确的事情"，而实际上他们做的是"错误的事情"。这些人和那些对我和汤姆说"你们在这里做不了这个"的人是一类人。他们做不了，因为我们讲的和他们在家里和学校里学到的观念完全对立。

所有的观念都是对立的

1.富爸爸的第一课：富人不为钱工作。
工作为了钱的人都掉沟里了，成千上万的人正在掉进鸿沟里。

2.储蓄者是输家。
整个金融体制都是建立在随意印刷钞票的基础上，为什么还要储蓄？在银行的词语里，"部分准备金制度"这个词为大家所知。这就是为什么银行喜欢借款的而不是存款的。

3.债款让富人更富。

全球的金融体制是建立在债务上的。只有当人们借款时,钱才被创造出来。懂得怎样把借款当钱用的人得到的是资产,他们才是这个世界上最富有的人。

4.税务让富人更富。

税务制度是个激励机制。鼓励人们与政府合作,从事政府想要他们去做的事。

政府需要更多的B象限内的企业家和I象限内的职业投资人,所以才在税收上优惠他们。

5.错误让富人更富。

上帝造人是让人从错误中学习。如果没有摔倒和站起来的过程,一个婴儿是怎么也学不会走路的。所以,为什么游戏和刺激是犯错实践的最好方式。从你的虚拟错误中学习,然后去做真实的事。

6.经济萧条让富人更富。

变富最好的时机就是当市场萧条的时候。当沃尔玛打折,穷人和中产阶级蜂拥而至。当金融市场萧条的时候,富人逢低买进,而穷人和中产阶级却躲起来了。

7.你的话语变成现实。

雇员们总是使用这样的词语:"工作安全性,稳定的收入,涨薪水,医疗计划,福利,带薪休假,加班。"

企业家们不会用这样的词语。企业家们必须足够聪明,才能把这些词儿提供给他们的员工。但这需要真正的财商教育。

8.成为一个传统名校的学生不是多了不起的事。

这样的院校不过是教育学生成为雇员或是自由职业者罢了,例如医生和律师。

对于变成一个成功企业家的人来说,因学习优秀而考进一个传统名校并不是件重要的事情。

销售＝收入

有一个学科是销售。销售＝收入是个铁定的事实。所有企业家必须成为销售课的学生,永远要花工夫改善他们的销售技巧。90%企业家的失败,其主要原因出在销售环节,致使企业难以存活或成长。

想要成为企业家的人应该掌握四种重要技能:销售、领导能力、处理拒绝、推迟享受。处理拒绝和推迟享受是高情商和情感智力的表现。雇员们不需要很高的情商,但是企业家必须要有。

1974年,我离开了海军陆战队,开始进入市场后第一份真正的工作。在1974—1978年期间,我在施乐公司工作——不是为了钱,而是想学习销售。一旦我成了销售团队中业绩最好的销售员,挣了不少钱,我便辞去了这份工作,开始了作为企业家的生活。

中学的时候,我在10年级和12年级的成绩都不大好。因为我的作文不行，还有很多拼写错误。直到今天，仍然有不少人说我不会写作。尽管如此，我还是因为写了一本畅销书而挣了数百万美元。

我的生意是房地产

1973年，我参加了职业生涯中的第一堂房地产研讨培训课。这堂为期三天的房地产课在以后的日子里让我一次又一次地挣下了数百万美元。更重要的是，这三天的培训成了我通向财务自由的入场券。如今，我真正的生意是房地产。

终生学习

传统教育最大的问题是许多学生离开学校时恨学校。对成千上万的人来说，当他们离开学校时，他们受教育的生活也终止了。传统教育扼杀了他们中很多人的学习精神。这是一个社会经济的悲剧。

如果不是我的富爸爸，我也会成为他们中的一员。

爱的学习

爱的学习和终生教育对于在B和I象限中的人来说非常重要。直到今日，我和金以及我们的顾问们还一年两次集中到一起学习那些伟大的作者撰写的经典著作。这个世界变化太快，不学习就跟不上趟了。

正如我的房地产指导老师在培训班结束那天对我讲的一样："当你离开这里，你的教育就开始了。"

对大多数人来说，当他们走出学校的大门，他们的教育就结束了。那就是富人和穷人及中产阶级之间的鸿沟变宽的主要原因。

好学生并非一定能成为生活中的成功者。事实上，他们中不少人可能在以后的生活中遭遇严重的个人危机。有一位美国医生写到在学校时为竞争好成绩对他日后的生活产生的影响。他到瑞士去读医科大学，那里有一大帮美国学生。他说许多美国孩子都感到震惊，因为那个学校没有设班级，没有奖学金，没有好学生名单，没有名次排位。那些学生突然发现了一个他们在美国大学里从来没有经历过的新鲜而奇怪的世界：好学生们把他们的课堂笔记分享出来，帮助他们的同学通过考试。还是这个医生，写下了在美国读医科大学的儿子告诉他的同学间相互使坏的情况。他举了个例子，一个学生在同学的显微镜上做了手脚，以让这个同学浪费几分钟宝贵的考试时间去调整他的显微镜。当父母们要自己的孩子在体育或学业上击败他们的同班同学时，他们应该感到内疚。

我们如此作为，然后又反过来奇怪为什么在富人和其他人之间的鸿沟会增长。其实，在富人和穷人、聪明人和迟钝人之间的鸿沟开始于我们的家庭，然后在学校得到了进一步的强化。

这就是为什么富爸爸教他的孩子和我靠团队合作解决财务

问题。我们都知道在学校里存在欺骗现象。富爸爸强调说，银行从来没有要求过他出示成绩报告或者在意过他是从什么学校毕业的。富爸爸总是说，"当你长大成人，当你走出了学校大门，你的财务报表就是你的报告卡。"

富人和其他人之间鸿沟扩大的一个原因是大学毕业生们不懂合作。他们解决自己的财务问题靠单打独斗。他们从华尔街听取财务建议，但其中多数人甚至不懂财务报表为何物。

提高财商的三个方法

方法一：阅读"富爸爸"系列书籍

财富观念篇
《富爸爸穷爸爸》
《富爸爸为什么富人越来越富》(《富爸爸穷爸爸》研究生版)
《富爸爸财务自由之路》
《富爸爸提高你的财商》
《富爸爸女人一定要有钱》
《富爸爸杠杆致富》
《富爸爸我和埃米的富足之路》
《富爸爸那些比钱更重要的事》
《富爸爸第二次致富机会》

财富实践篇
《富爸爸投资指南》
《富爸爸房地产投资指南》
《富爸爸致富需要做的6件事》
《富爸爸穷爸爸实践篇》
《富爸爸商学院》
《富爸爸销售狗》
《富爸爸成功创业的10堂必修课》
《富爸爸给你的钱找一份工作》
《富爸爸股票投资从入门到精通》
《富爸爸为什么A等生为C等生工作》
《富爸爸8条军规》

财富趋势篇
《富爸爸21世纪的生意》
《富爸爸财富大趋势》
《富爸爸富人的阴谋》
《富爸爸不公平的优势》

财富亲子篇
《富爸爸穷爸爸（少儿财商启蒙书）》(适合3~6岁)
《富爸爸穷爸爸（青少版）》(适合11岁以上)
《富爸爸巴比伦最富有的人》(适合11岁以上)
《富爸爸发现你孩子的财富基因》
《富爸爸别让你的孩子长大为钱所困》

财富企业篇	《富爸爸如何创办自己的公司》
	《富爸爸如何经营自己的公司》
	《富爸爸胜利之师》
	《富爸爸社会企业家》

方法二：玩《富爸爸现金流》游戏

《富爸爸现金流》游戏浓缩了《富爸爸穷爸爸》一书的作者——罗伯特·清崎三十多年的商界经验，让我们在游戏中模仿和体验现实生活的同时，告诉游戏者应如何识别和把握投资理财机会；通过不断的游戏和训练及学习游戏中所蕴含的富人的投资思维，来提高游戏者的财务智商。

扫码购买《富爸爸现金流》游戏

方法三：关注读书人俱乐部微信公众号，在读书人移动财商学院学习财商知识

北京读书人俱乐部微信公众号由北京读书人文化艺术有限公司运营，为富爸爸读者提供既符合富爸爸理念又根据中国实际情况加以完善的财商相关课程，帮助读者系统地学习和掌握富爸爸财商的原理、方法和实操技巧，助力富爸爸读者的财务自由之路。

readers-club

扫码关注读书人俱乐部

开始学习

图书在版编目（CIP）数据

富爸爸为什么富人越来越富/(美)罗伯特·清崎，(美)汤姆·惠尔赖特著；朱钦芦译. — 成都：四川人民出版社，2017.10（2021.12 重印）
ISBN 978-7-220-10434-3

Ⅰ.①富… Ⅱ.①罗… ②汤… ③朱… Ⅲ.①私人投资–通俗读物 Ⅳ.① F830.59-49

中国版本图书馆 CIP 数据核字（2017）第 251501 号

Why The Rich Are Getting Richer
Copyright © 2017 by Robert T. Kiyosaki and Tom Wheelwright, CPA
This edition published by arrangement with Rich Dad Operating Company, LLC.
版权合同登记号：图进 21-2017-600

FUBABA WEISHENME FUREN YUELAIYUEFU
富爸爸为什么富人越来越富

〔美〕罗伯特·清崎　〔美〕汤姆·惠尔赖特　著　朱钦芦　译

责任编辑	王其进
特约编辑	赵　晶
封面设计	朱　红
版式设计	乐阅文化
责任印制	聂　敏
出版发行	四川人民出版社　（成都市槐树街2号）
网　　址	http://www.scpph.com
E-mail	scrmcbs@sina.com
新浪微博	@ 四川人民出版社
微信公众号	四川人民出版社
发行部业务电话	（028）86259624　86259453
防盗版举报电话	（028）86259624
照　　排	北京乐阅文化有限责任公司
印　　刷	三河市中晟雅豪印务有限公司
成品尺寸	152mm×215mm　1/32
印　　张	11.375
字　　数	242 千
版　　次	2020 年 5 月第 2 版
印　　次	2021 年 12 月第 6 次印刷
书　　号	ISBN 978-7-220-10434-3-01
定　　价	78.00 元

■版权所有·侵权必究

本书若出现印装质量问题，请与我社发行部联系调换
电话：（028）86259453